DIE SCHÖNSTEN

# Wanderungen im Jura

Herbstlicher Blick auf Bärschwil (SO) und die Hügelzüge des Schwarzbubenlands.

DIE SCHÖNSTEN

# Wanderungen im Jura

Philipp Bachmann

atVERLAG

Umschlag Vorderseite: Ankenballen.
Umschlag Rückseite: Chaltbrunnental.

Reihe: Wandern in der Schweiz

© 2022
AT Verlag AG, Aarau und München
Lektorat: Christina Sieg, Zürich
Fotos: Philipp Bachmann
Foto S. 153: Stefan Bachmann
Foto S. 195: Selma Bachmann
Foto Umschlag Vorderseite: IMAGO/Daniel Bärtschi
Grafische Gestaltung und Satz: AT Verlag
Kartenausschnitte: Atelier Guido Köhler & Co., Binningen
Bildaufbereitung: Vogt-Schild Druck, Derendingen
Druck und Bindearbeiten: AZ Druck und Datentechnik, Kempten
Printed in Germany

ISBN 978-3-03902-184-0

www.at-verlag.ch

Der AT Verlag wird vom Bundesamt für Kultur
für die Jahre 2021–2024 unterstützt.

# Inhalt

Vorwort  11

Einführung: Wandern im Jura  12

## NORDWESTSCHWEIZER JURA

1  **Über den scharfen Lägerngrat**
   Von Regensberg nach Baden  18

2  **Fricktaler Höhenweg**
   Von Frick zum Bürersteig  22

3  **Rheinuferweg**
   Von Stein-Säckingen nach Rheinfelden  26

4  **Im Aargauer Jurapark**
   Von Linn nach Thalheim  30

5  **Aargauer Haute Route**
   Von der Barmelweid nach Auenstein  34

6  **Aussicht zu den Schneebergen**
   Von Trimbach nach Läufelfingen  38

7  **Baselbieter Blustwanderung**
   Von Zeglingen nach Gelterkinden  42

8  **Sissacherflue**
   Von Liestal nach Sissach  46

9  **Top of Basel**
   Von Arlesheim nach Muttenz  50

| | | |
|---|---|---|
| 10 | **Mariastein** | |
| | Von Leymen nach Laufen | 54 |
| 11 | **Auf dem Röstigrat** | |
| | Von Delémont nach Bärschwil | 58 |
| 12 | **Chaltbrunnental** | |
| | Von Meltingen nach Grellingen | 62 |

## SOLOTHURNER JURA

| | | |
|---|---|---|
| 13 | **Im Schwarzbubenland** | |
| | Von Neuhüsli nach Büsserach | 68 |
| 14 | **Eine Rundtour auf dem Passwang** | |
| | Von Reigoldswil auf den Passwang und zurück | 72 |
| 15 | **Teufelsschlucht und Belchenflue** | |
| | Von Hägendorf nach Waldenburg | 76 |
| 16 | **Burgen und Ruinen** | |
| | Von Klus nach Balsthal | 80 |
| 17 | **Naturpark Thal** | |
| | Von der Wolfsschlucht nach Balsthal | 84 |
| 18 | **Chambenflüe und Bättlerchuchi** | |
| | Vom Balmberg nach Rumisberg | 88 |
| 19 | **Weissenstein** | |
| | Vom Balmberg zum Grenchenberg | 92 |

| | | |
|---|---|---|
| 20 | **Der schönste Punkt des Juras** Von Oberdorf zum Weissenstein | 96 |
| 21 | **Am Jurasüdfuss** Von Balm bei Günsberg nach Grenchen | 100 |

## BERNER JURA UND KANTON JURA

| | | |
|---|---|---|
| 22 | **Mont Raimeux** Von Corcelles nach Moutier | 106 |
| 23 | **Über den Röstigraben** Von Gänsbrunnen nach Moutier | 110 |
| 24 | **Bözingenberg** Von Grenchen nach Biel/Bienne | 114 |
| 25 | **Der Bielersee-Klassiker** Von Magglingen nach La Neuveville | 118 |
| 26 | **Le Chasseral** Von Villeret nach Les Prés-d'Orvin | 122 |
| 27 | **Mont Soleil – Energie aus Wind und Sonne** Von St-Imier nach Tramelan | 126 |
| 28 | **Etang de la Gruère** Von Les Reussilles nach Saignelégier | 130 |
| 29 | **Über den Lomont und dem Doubs entlang** Von St-Ursanne nach Ocourt und zurück | 134 |

| | | |
|---|---|---|
| 30 | **Die Grotten von Réclère** <br> Von Chevenez nach Damvant | 138 |
| 31 | **Arête des Sommêtres und Le Theusseret** <br> Von Saignelégier nach Goumois | 142 |

## NEUENBURGER JURA

| | | |
|---|---|---|
| 32 | **Biaufond** <br> Von La Ferrière nach La Maison-Monsieur | 148 |
| 33 | **Saut du Doubs** <br> Von Les Brenets nach La Maison-Monsieur | 152 |
| 34 | **Communal de la Sagne** <br> Von La Chaux-de-Fonds nach Les Ponts-de-Martel | 156 |
| 35 | **Tête de Ran und Mont Racine** <br> Von der Vue des Alpes nach La Tourne | 160 |
| 36 | **Areuse-Schlucht** <br> Von Noiraigue nach Boudry | 164 |
| 37 | **Creux du Van** <br> Von Noiraigue auf den Creux du Van und zurück | 168 |
| 38 | **Poëta Raisse** <br> Von Môtiers nach Provence | 172 |
| 39 | **Glacière de Monlési** <br> Von Fleurier nach La Brévine | 176 |

# WAADTLÄNDER JURA

40 **Le Chasseron**
Von Ste-Croix nach Buttes   182

41 **Salzwege und Schluchtenpfade**
Von Vuiteboeuf nach Ste-Croix und zurück   186

42 **Aiguilles de Baulmes und Suchet**
Von Ste-Croix nach Baulmes   190

43 **Aussichtsberg und Unterwelt**
Von Le Pont nach Vallorbe   194

44 **Am Lac de Joux**
Von Le Pont nach La Golisse   198

45 **La Dôle**
Von St-Cergue nach La Givrine   202

Vorfrühling auf der Röti. Blick nach Westen auf den Jurabogen und das Mittelland.

# Vorwort

Wer unmittelbar am Jurasüdfuss wohnt und stets den «Berg» — in meinem Fall den Weissenstein — vor Augen hat, kennt die Verlockungen des Wanderparadieses Jura. Vielleicht ist es der scharfe Gegensatz zum hektischen, verkehrsbelasteten Mittelland, der den Jura mit seinen grossen Wäldern und weiten Landschaften so attraktiv macht. Vielleicht ist es auch die Ruhe und das gemächliche Leben auf den Jurahöhen, das die Menschen aus den städtischen Agglomerationen in die Natur hinaus lockt. «Man kommt in eine andere Welt, wenn man auf den Jurahöhen steht, die klare Luft einatmet, das Glockengebimmel der weidenden Kühe hört und die Aussicht auf die ferne Alpenkette geniesst», meinte ein Mittellandbewohner, der kaum zehn Kilometer vom Weissenstein entfernt wohnt. Diese «andere Welt» zieht sich von den bewaldeten Kreten des Aargauer Juras bis zu den einsamen Wytweiden des Parc Jurassien Vaudois und von den hohen Ketten des Chasseral bis zum verträumten Lac des Taillères bei La Brévine.

Dieses Buch stellt eine Auswahl attraktiver Tagestouren aus allen Teilen des Schweizer Juras vor. Die 45 Routen zwischen Lägern und La Dôle stehen unter dem Motto des Geniessens. Dem Stress in der Stadt entfliehen und genussvoll über Juraweiden ziehen, zwischendurch mal eine Rast einschalten oder sich in einer gemütlichen Bergbeiz verwöhnen lassen. Neben den mehrheitlich kurzen und mittleren Wanderungen werden auch ein paar längere, anspruchsvollere Touren vorgeschlagen, damit auch leistungsstarke Wandernde auf ihre Rechnung kommen. Schliesslich besteht auch vielerorts die Möglichkeit, zwei oder mehrere Routen aneinanderzuhängen und die Jurawanderung auf mehrere Tage auszudehnen. Bei der Auswahl der Routen wurden neben den klassischen Höhenwanderungen auch attraktive Touren durch Schluchten und Klusen sowie gemütliche Wanderungen über typische Juraweiden berücksichtigt.

Auf meinen Streifzügen durch den Jura haben mich immer wieder liebe Kollegen und meine Frau begleitet. Ihnen allen möchte ich ganz herzlich für ihre teilnehmende Beobachtung und ihre hilfreichen Hinweise danken.

Philipp Bachmann

# Einführung:
# Wandern im Jura

Der Jura gehört zweifellos zu den beliebtesten Wanderregionen der Schweiz. Auch wenn er nur der kleine Bruder der Alpen ist und weder Gletscher noch hohe Schneeberge vorzuweisen hat, bietet er doch weite, offene Landschaften, schier endlose Tannenwälder, verträumte Weiden, kleine Dörfer, alte Bauernhöfe und urtümliche Sennhütten, kurz: eine attraktive, naturnahe Kulturlandschaft. Gelten die Alpen als klassisches Bergsteigerland, ist der Jura ein ebenso klassisches Wanderland. Keine Drei- oder Viertausender müssen bezwungen werden, sondern höchstens einmal ein Aufstieg von einigen Hundert Höhenmetern. Meistens aber geht es ohne allzu grosse Anstrengungen mal etwas bergauf, dann wieder bergab und oft einfach querfeldein. Und wer müde ist oder Durst hat, findet fast überall eine heimelige Bergwirtschaft.

**Ein junges Faltengebirge**
Das Juragebirge ist eigentlich ein spätes Nebenprodukt der Alpenfaltung. Erst vor rund fünf Millionen Jahren wurden die dicken Kalkschichten, die im Erdmittelalter vor 65 – 230 Millionen Jahren abgelagert worden waren, durch die aus Süden vorrückende afrikanische Kontinentalplatte gefaltet und gehoben. Dabei wirkten die alten Gebirge Schwarzwald, Vogesen und

›
Mittagsrast an einer Feuerstelle am Waldrand.

‹
Mittagsrast in einer gemütlichen Bergwirtschaft (links). Auch der Junior geniesst das Wandern auf den Jurahöhen (rechts).

Zentralmassiv als stabile Prellböcke. Entstanden ist ein 350 Kilometer langes und bis zu 70 Kilometer breites Mittelgebirge in der Form eines Viertelbogens.

Am Innenrand dieses Bogens, also auf der Seite des Schweizer Mittellands, wurden die Jurasedimente am stärksten gefaltet. Hier ziehen sich die Kreten in mehreren Ketten von der Lägern bis nach Chambéry (Frankreich), wobei die vorderen, dem Mittelland zugewandten Ketten im Allgemeinen höher sind als die dahinter liegenden. Im nordwestlichen Jura war die Faltung schwächer. Und durch die nachfolgende Erosion wurde das Relief zusätzlich eingeebnet, sodass — beispielsweise in den Freibergen — schwach gewellte Hochflächen entstanden. Man bezeichnet diesen Juratyp deshalb als Plateaujura. Ganz im Norden des Juras blieben die Gesteinssedimente ungefaltet. Hier kam es jedoch zu Brüchen und vertikalen Verschiebungen, die zur Tafeljuralandschaft des Fricktals und des Baselbiets führten.

Rund zwei Drittel des Juragebirges liegen in Frankreich, ein Drittel in der Schweiz. In unserem Land dominiert der Kettenjura mit einigen prächtigen Aussichtsbergen wie Belchen, Weissenstein, Chasseral, Chasseron, Dent de Vaulion oder La Dôle, um nur die bekanntesten zu nennen. Zwischen den Ketten finden sich tiefe Klusen und attraktive Schluchten, aber auch weite Längstäler.

**Wanderskala**

Das Wandern im Jura ist im Allgemeinen problemlos. Geländetechnische Schwierigkeiten gibt es kaum. Die meisten der vorgeschlagenen Routen sind gut markiert, meistens mit gelben Rhomben, manchmal mit weiss-rot-weissen Strichen, was einen Bergweg kennzeichnet. Die frühere, rot-gelbe Markierung für den Jura-Höhenweg wurde vor einigen Jahren entfernt und entsprechend der Signalisation der Nationalen Routen im Wanderland Schweiz durch eine weisse Fünf mit Schweizerkreuz auf grünem Hintergrund ersetzt. Gemäss der vom Schweizer Alpen-Club (SAC) eingeführten Wanderskala können alle Routen den Schwierigkeitsstufen T1 bis T2 zugeordnet werden. Das heisst: Klettern muss man nirgends, und kitzlige Stellen sind mit Geländern, Ketten oder Leitern entschärft.

T1 bedeutet: Die Wege sind gelb markiert, gut erkennbar und zum Teil auch breit. Sie stellen keine speziellen Anforderungen an Kondition und Ausrüstung und sind mit Turnschuhen begehbar. Diese Routen sind auch für Familien mit kleineren Kindern sowie für Seniorinnen und Senioren geeignet. Allerdings sagt die Wanderskala nichts über die Länge sowie die Auf- und Abstiege der Strecke aus. Typische Beispiele für T1-Routen sind: Fricktaler Höhenweg, Sissacherflue, Jurasüdfussweg, Etang de la Gruère oder der Seeuferweg im Vallée de Joux.

T2 bedeutet: Die Wanderwege sind mit weiss-rot-weisser Markierung, manchmal auch mit gelben Rhomben versehen. Die Wege sind teilweise schmal, steinig oder felsig und können ziemlich steil sein. Ausgesetzte Stellen sind mit Ketten oder Eisenleitern gesichert. Auf diesen Routen sind Wander- oder Trekkingschuhe erforderlich, um einen guten Halt zu bieten. Bei Nässe können Kalkfelsen sehr glitschig sein, und viel Laub macht steile Wege rutschig. Wanderstöcke sind in solchen Fällen hilfreich. Wanderungen des Schwierigkeitsgrades T2 sind auch für Familien mit Kindern ab etwa zehn Jahren und für trittsichere Seniorinnen und Senioren geeignet. Typische Beispiele für T2-Routen sind: Lägerngrat (Normalroute), Aufstieg zur Roggenflue, Balmfluechöpfli, Graitery, Les Sommêtres (Abstieg zum Doubs).

Mit der Zwischenkategorie T1–T2 sind Routen gemeint, die zwar gut markiert sind, aber teilweise ruppige, felsdurchsetzte und schmale Wege aufweisen. Diese Pfade sind zwar problemlos zu begehen, sie erfordern aber eine gewisse Aufmerksamkeit beim Wandern. Gute Trekking- oder Wanderschuhe sind hier ebenfalls empfohlen.

## Wandertipps

Wandern kann man als Leistungssport auffassen oder einfach geniessen. Sportwanderer werden versuchen, die angegebenen Wanderzeiten möglichst deutlich zu unterbieten. Genusswanderinnen wissen, dass die Wanderzeiten reine Marschzeiten sind und die Pausen zur Gesamtzeit hinzugezählt werden müssen. Wer eine vierstündige Wanderung unternimmt, sollte noch eine gute Stunde für Pausen und kurze Besichtigungen reservieren. Ist gar noch ein Mittagessen in der Bergwirtschaft geplant, so verlängert sich die gesamte Wanderzeit um weitere ein bis zwei Stunden. Entsprechend muss man sich bei anstrengenderen Touren vorsehen und nicht zuletzt wegen des Müdigkeitsfaktors genügend Zeitreserven einplanen. Schliesslich möchte man ja das letzte Postauto für die Rückreise noch erreichen.

Im Übrigen sind alle Ausgangs- und Endpunkte der 45 Routen mit öffentlichen Verkehrsmitteln erreichbar, wobei einzelne Orte (z.B. Grenchenberg, Biaufond, Col du Marchairuz) nur sehr spärlich vom öffentlichen Verkehr bedient werden.

Knifflige Passage am Lägerngrat. Diese Routenvariante weist ausnahmsweise einen höheren Schwierigkeitsgrad (T3) auf.

# Nordwestschweizer Jura

Weit geht der Blick von der Gisliflue ins Aaretal und über die Hügel des Aargauer und Solothurner Juras.

Von Regensberg nach Baden

# 1 Über den scharfen Lägerngrat

Eine attraktive Gratwanderung über den östlichsten Kettenjuraberg der Schweiz.

Mitten im Mittelland zwischen Zürich und Baden erhebt sich der östlichste Ausläufer des Kettenjuras. Was von Weitem wie ein bewaldeter Hügelzug erscheint, von denen es im Mittelland unzählige gibt, entpuppt sich aus der Nähe als scharfe Felsenrippe, die schon manchen unbedarften Wanderer überrascht haben dürfte. Denn nicht aus weichem Molassegestein, sondern aus hartem Malmkalk besteht der Lägerngrat und beweist damit, dass er geologisch zum Juragebirge gehört. Der Grat verläuft ziemlich genau in ost-westlicher Richtung. Die Kalkschichten steigen auf der Südseite steil an und brechen auf der Nordseite des Grates abrupt ab. Dies ergibt eine scharfe Krete, auf der — vor allem im westlichen Abschnitt oberhalb von Baden — kaum ein Fuss Platz findet. Über die schräg gestellten Kalkfelsen balancieren, die freie Natur geniessen und auf das Häusermeer im Limmattal hinunterschauen, so lustvoll kann Bergwandern sein! Wer nicht so trittsicher ist, wählt beim Lägernsattel jedoch besser den Jura-Höhenweg.

Kalk bedeutet bekanntlich Wasserarmut. Das mussten auch die Freiherren von Regensberg um 1245 erfahren, als sie ihr Städtchen mit Trinkwasser versorgen wollten. Nicht weniger als 57 Meter tief musste der harte Kalkstein in mühseliger Handarbeit herausgehauen werden, bis das Grundwasser erreicht wurde. Der Sodbrunnen von Regensberg gilt denn auch als der tiefste Brunnen der Schweiz. Er wurde bis 1632 genutzt, danach mit Abfällen aufgefüllt und 1960 wieder ausgeräumt. Auch auf der Burg Alt Lägern, die für die Dienstleute der Freiherren von Regensberg erbaut worden war, gab es zwei Sodbrunnen. Die Burganlage hatte ein beträchtliches Ausmass von 67 Meter Länge und 20 Meter Breite, doch schon vor 1300 wurde sie im Gefolge einer ritterlichen Fehde zerstört. Heute sind nur noch ein paar wiederhergestellte Aussenmauern zu sehen.

Viel neueren Datums ist die Radaranlage von Skyguide oberhalb der Hochwacht. Die unübersehbare, seit 1959 bestehende Anlage überwacht die Flugbewegungen in einem Umkreis von 280 Kilometern. Weitaus dis-

‹ Blick vom Lägerngrat auf Wettingen (links) und Ennetbaden (rechts).

› Regensberg.

Die Routenvariante über den westlichsten Teil des Lägerngrats ist ziemlich ausgesetzt und nur für Schwindelfreie geeignet.

kreter wirkt die Messstation des Nationalen Beobachtungsnetzes für Luftfremdstoffe (NABEL) am Lägern-Südhang unterhalb des Aussichtspunkts Burghorn. Auf einem 45 Meter hohen Turm werden mithilfe von Ansaugsonden gasförmige Luftschadstoffe gemessen und mit den Resultaten von 15 weiteren, über die ganze Schweiz verteilten Messstationen verglichen, womit recht genaue Aussagen über die Luftqualität in unserem Land gemacht werden können.

Der Schluss der Wanderung bietet nicht nur viel Aussicht auf die Agglomeration Baden-Wettingen, sondern auch einen abrupten Übergang vom Berg in die Stadt, denn kaum hat man die gedeckte Holzbrücke über die Limmat überquert, steht man schon in den malerischen Altstadtgassen von Baden.

Die Route digital
für unterwegs.

**Schwierigkeit**
T2, Variante Lägerngrat T3

**Strecke**
11 km

**Höhendifferenz**
370 m Aufstieg, 580 m Abstieg

**Wanderzeit**
3 ¼ Std.

**Ausgangspunkt**
Regensberg, Dorf (Bus)

**Endpunkt**
Baden (Bahn)

**Route**
Von Regensberg bis Baden auf dem Jura-Höhenweg 5.

In Regensberg (593 m) westwärts eine Quartierstrasse hinauf und nach den letzten Häusern scharf nach rechts in den Wald hinein. Auf schmalen und breiten Waldwegen den gelben Wanderwegzeichen folgend zum Restaurant Hochwacht (850 m) hinauf. Dort den Weg halb rechts Richtung Alt Lägern/Burghorn nehmen. Ab der Burgruine Alt Lägern weiss-rot-weiss markierter Bergweg über den Aussichtspunkt Burghorn (859 m) zum Lägernsattel (774 m). Dort nach rechts auf dem gelb markierten Jura-Höhenweg zum Restaurant Schloss Schartenfels (465 m). Auf dem Treppenweg zur Holzbrücke hinunter und durch die Altstadt zum Bahnhof Baden (385 m).

**Variante**
Beim Lägernsattel weiterhin über den weiss-rot-weiss markierten Felsgrat bis zum Restaurant Schloss Schartenfels. Sehr attraktiv mit spektakulären Tiefblicken ins Limmattal, aber nur für schwindelfreie und trittsichere Personen. Distanzmässig etwas kürzer, aber schwieriges Gelände (T3).

**Verpflegung**
– Regensberg: Restaurant Kurt (Mo geschlossen), www.kurt-regensberg.ch
– Restaurant Hochwacht (Mo/Di geschlossen), www.laegern-hochwacht.ch
– Restaurant Schloss Schartenfels (Di/Mi geschlossen), www.schloss-schartenfels.ch
– Baden: Zahlreiche Restaurants

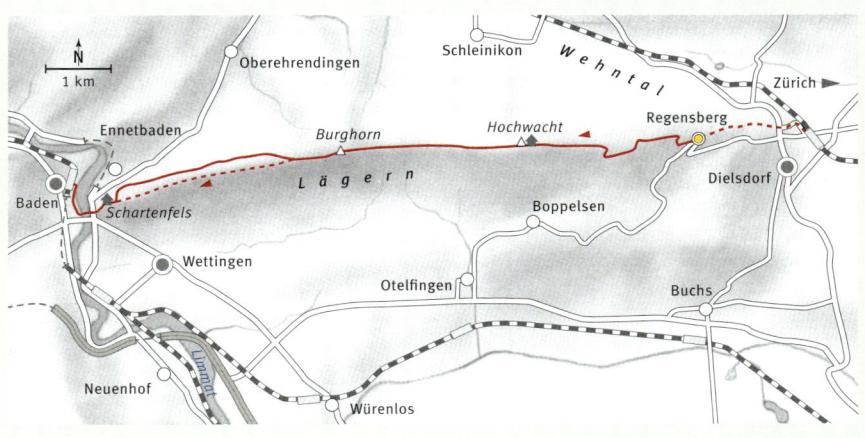

Blick vom Cheisacherturm auf das Sulztal und den Schwarzwald.

Von Frick zum Bürersteig

# Fricktaler Höhenweg

2

Höhenwege müssen nicht unbedingt auf 2000 Metern liegen – im Fricktal reichen schon 700 für eine weite Aussicht. Steht dazu noch ein Aussichtsturm am Wegrand, ist das Panorama perfekt.

Das Fricktal ist eine Welt für sich, pflegen die Fricktaler zu sagen und grenzen sich damit von den Aargauern «vor dem Berg» ab. Sie seien halt ein bisschen anders als die «grauen» Durchschnittsbürger im nebligen Mittelland. Tatsächlich hat das Fricktal eine andere Geschichte als der Rest des Aargaus. Über vierhundert Jahre lang gehörte das Gebiet zwischen Jura und Rhein zu Vorderösterreich und damit zum grossen Habsburgerreich.

Der mächtige Grenzstein von 1571 im Marchwald zeigt diese alte Abgrenzung. Nach dem Einmarsch der Franzosen 1799 wurde das Fricktal gar ein eigener Kanton — allerdings nur für vierzehn Monate. Danach wurde es gemäss einer Verfügung Napoleons dem neu gegründeten Kanton Aargau eingegliedert. Aus der Zeit der kurzlebigen Unabhängigkeit ist nicht mehr viel, aber immerhin ein grünes Lindenblatt erhalten geblieben — das Wappen des Kantons Fricktal, das heute die Wegweiser des Fricktaler Höhenwegs ziert.

Wir nehmen den insgesamt 60 Kilometer langen Höhenweg in Frick, dem geografischen Mittelpunkt des Fricktals, in Angriff, falls wir nicht dem Autobahnlärm ausweichen und die Tour erst in Hornussen oder Ittenthal beginnen wollen. Eine Höhenwanderung unternehmen bedeutet im Tafeljura vor allem gemütliches Wandern auf der Höhe, in Vermeidung eines Talabstiegs, denn der Gang ins Tal — wie auch der Aufstieg vom Tal — ist im Allgemeinen steil, während die Höhen eher flach sind, wie man das vom Tafeljura ja erwarten kann. Im Gegensatz zum Kettenjura blieben die Gesteinsschichten in dieser Region ungefaltet. Sie wurden aber durch den Druck der Alpen und den Gegendruck des Schwarzwalds leicht gegen Norden hin angehoben. Diese schiefen Plateaus mit den steilen Nord- und Ostabhängen, die man vom Cheisacherturm oberhalb von Sulz sehr schön erkennen kann — beispielsweise Schinberg, Frickberg und Limperg im Westen oder das Bürerhorn und der Laubberg im Osten —, bilden eine

Der filigrane Aussichtsturm auf dem Cheisacher.

Blick vom Bürerhorn auf den Laubberg.

sogenannte Schichtstufenlandschaft. Dabei trifft man von Süden nach Norden auf immer ältere Gesteinsschichten, bis man schliesslich in Laufenburg am Rhein auf den roten Schwarzwald-Granit des Paläozoikums stösst.

Wer es einrichten kann, sollte die Fricktaler Wanderung im Frühling unternehmen, wenn die Kirschbäume in voller Blüte stehen, die Wiesenblumen prächtig blühen und die Buchen ihr zartgrünes Laub ausgetrieben haben. Allerdings sind viele Hochstamm-Obstbäume in den vergangenen fünfzig Jahren gefällt und viele seltene Pflanzen durch die intensive Düngung in der Landwirtschaft vernichtet worden. Andererseits gibt es im Fricktal seit den 1980er-Jahren grosse Anstrengungen, die kulturlandschaftliche Vielfalt mit der Schaffung von Hecken, gestuften Waldsäumen, Feuchtbiotopen, Trockenwiesen, Buntbrachen und anderen ökologischen Vernetzungselementen wiederherzustellen.

Die Route digital für unterwegs.

**Schwierigkeit**
T1

**Strecke**
18 km

**Höhendifferenz**
620 m Aufstieg, 430 m Abstieg

**Wanderzeit**
5 Std.

**Ausgangspunkt**
Frick (Bahn)

**Endpunkt**
Bürersteig, Passhöhe (Bus)

**Route**
Mit Ausnahme der Abkürzung Wettacher–Marchwald (P. 607) ist die gesamte Strecke mit blauen Wegweisern (Fricktaler Höhenweg) und blauen Rhomben markiert.

Vom Bahnhof Frick (359 m) auf Nebensträsschen ins Dorfzentrum, dann über die Sissle und den blauen Wegweisern folgend über die Autobahn und weiter durch ein Villenquartier zu den Wiesen des Frickbergs hinauf. Nun ostwärts über Matten und durch Wälder oberhalb der Hornusser Rebberge zum Grossberg (518 m) und auf Teersträsschen, später auf Waldwegen zum Wettacher (592 m).

Kurz danach den Fricktaler Höhenweg verlassen (Abstecher zum Schinberg, plus 1 Std.), geradeaus zum grossen Marchwald und weiter (nun wieder den blauen Rhomben folgend) zum Weiler Sennhütten (633 m). Dort nach links zum Dimmis und in einem grossen Bogen zum Cheisacherturm (696 m) hinauf. Schliesslich ostwärts durch den Wald hinunter zum Bürersteig (550 m), wo stündlich Postautos nach Brugg und Laufenburg fahren.

**Varianten**
– Statt in Frick die Wanderung in Hornussen beginnen. Von der Postautohaltestelle Hornussen, Oberdorf (383 m) etwa 100 Meter auf der Hauptstrasse westwärts gehen, dann nach rechts unter der Autobahn hindurch und wieder nach rechts den gelben Wanderwegzeichen folgend

Wil (AG) inmitten von Obstbäumen, Wiesen und Weinbergen.

durch ein Tälchen und über eine Anhöhe zum Wettacher hinauf, wo man auf die Normalroute trifft; eine knappe Stunde kürzer.
– Die Wanderung in Ittenthal beginnen. Von Ittenthal (Postautohaltestelle Dorfmitte, 402 m), dem Dorfbach entlang zur Tälenmatt und den Wald hinauf auf den Schinberg (722 m); über den Bergkamm zum Schinbergkreuz (Aussichtspunkt) und auf dem Fricktaler Höhenweg zum Marchwald hinunter, wo man auf die Normalroute trifft.
– Vom Bürersteig (Passhöhe) weiter auf dem Fricktaler Höhenweg zum Laubberg (Buschkapelle, 649 m); von dort in grossen Wegschlaufen nach Gansingen (381 m) hinunter oder nach Hottwil (406 m) oder Wil AG (375 m) im Mettauertal; zusätzliche Wanderzeit: 1¾ Std.

### Verpflegung
Frick: Mehrere Restaurants und Einkaufsläden
Sennhütten-Stübli (Do–So geöffnet), www.sennhuette.ch

### Varianten
– Gansingen: Restaurant Landhus (Mi geschlossen), www.landhus-gansingen.ch
– Hottwil: Gasthaus Bären (Di/Mi geschlossen), www.baeren-hottwil.ch
– Wil AG: Restaurant-Metzgerei Schwyzerhüsli (So/Mo geschlossen), www.metzgerei-schwyzerhuesli.ch

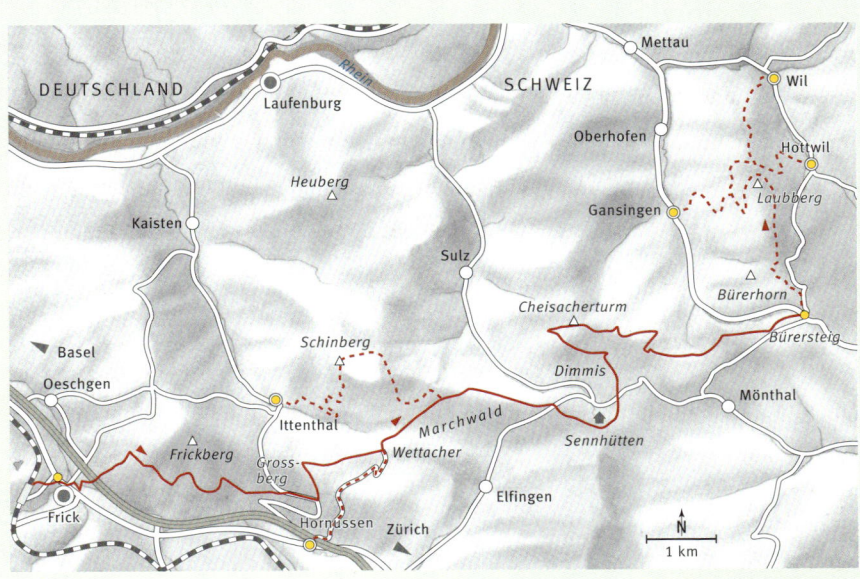

Von Stein-Säckingen nach Rheinfelden

# Rheinuferweg

Eine flache, meditative Wanderung dem Fluss entlang, wo einst römische Wachttürme vor Angriffen der Alemannen warnten.

Wer sich einmal eine Flachetappe wünscht, ist hier goldrichtig. Immer schön geradeaus, ohne nennenswerte Steigungen führt der Uferweg dem Rhein entlang von Stein-Säckingen nach Rheinfelden. Den einzigen topografischen Höhepunkt bildet das Kastell von Riburg, wo die Römer einen kleinen Hügel und einen Erdwall aufgeschichtet hatten, um sich gegen die Alemannen-Einfälle zu wappnen. Entlang dem Rhein, von Basel bis zum Bodensee, standen Wachtürme in Sichtdistanz zueinander, um bei Gefahr mit Feuer Alarm auszulösen. Reste einer solchen römischen Warte sind in Stelli bei Wallbach zu sehen. Schliesslich sind die Römer aber am Ende des 5. Jahrhunderts abgezogen, bevor die eigentliche Alemannen-Invasion begann.

Ein paar Jahrzehnte später, im 6. Jahrhundert, gründete der irische Wandermönch Fridolin ein Doppelkloster auf der damaligen Rheininsel von Säckingen. Während die Männerabteilung schon bald wieder aufgegeben wurde, entwickelte sich das Damenstift dank umfangreicher Schenkungen zu einer bedeutenden Territorialmacht, deren verstreuter Landbesitz bis zum heutigen Kanton Glarus reichte. Bekanntlich ziert ja der heilige Fridolin das Glarnerwappen. Im Laufe der Jahrhunderte entstand um das Frauenkloster Säckingen ein Marktplatz, später eine kleine Stadt sowie ein Badhaus und eine grosse Kirche. Das Fridolinsmünster wurde im 14. Jahrhundert nach einem verheerenden Brand im gotischen Stil wieder aufgebaut und später mit barocken Elementen verziert. Mindestens ebenso berühmt wie das Münster ist die gedeckte Holzbrücke, die Säckingen mit dem aargauischen Stein verbindet. Mit 200 Meter Länge ist sie die längste Holzbrücke Europas, und sie wird auch heute noch von Fussgängerinnen und Radfahrern rege benutzt.

Anders als die Stadt Säckingen, die unter der Herrschaft der habsburgischen Klostervögte stand, wurde Rheinfelden schon früh eine reichsfreie Stadt. 1130 von Herzog Berthold II. als erste Zähringerstadt der Schweiz

‹
Wallbach.

›
Jedem Vogel sein Haus in Mumpf!

Verträumte Rheinuferlandschaft bei Schwörstadt.

gegründet, wurde sie in den späteren Jahrhunderten mehrmals von feindlichen Heeren belagert — so auch während des Dreissigjährigen Krieges von den Schweden. Als die letzten Vorräte in der Stadt zur Neige gingen und eine Entsatzung durch ein befreundetes Heer in weiter Ferne lag, beschlossen die Rheinfelder, die letzte Kuh zu schlachten und sie in den Rhein zu werfen. Da staunten die Schweden und fanden, wenn sich die Rheinfelder solchen Luxus leisten könnten, müssten die Nahrungsvorräte noch riesig sein, und gaben die Besatzung auf. Heute erleben wir Rheinfelden als schmuckes Städtchen mit vielen kleinen Läden und einladenden Wirtshäusern.

Die Route digital
für unterwegs.

**Schwierigkeit**
T1

**Strecke**
20 km

**Höhendifferenz**
200 m Aufstieg, 220 m Abstieg

**Wanderzeit**
5 Std.

**Ausgangspunkt**
Stein-Säckingen (Bahn)

**Endpunkt**
Rheinfelden (Bahn)

**Route**
Beim Bahnhof Stein-Säckingen durch die Unterführung zum Rhein hinunter (Wanderwegweiser) und auf dem Rheinuferweg nach Mumpf. Dort die Campinganlage umgehen und wieder direkt ans Rheinufer. Auf teilweise sehr schmalem Uferweg nach Wallbach.

Nun meist im Wald dem grossen Rheinbogen folgend nach Riburg. Den trotz Warnungen absolut ungefährlichen Zollsteg überqueren und wiederum in einem grossen Bogen nach Rheinfelden wandern, an den Thermen vorbei durch die Altstadt zum Bahnhof.

**Variante**
Von Riburg Kastell (Römisches Kastell Bürgli) in 40 Min. zum Bahnhof Möhlin wandern: minus 1 Std. 30 Min.

**Verpflegung**
– Stein AG: Café Birri, Bäckerei-Konditorei; weitere Cafés und Restaurants in Stein sowie in Säckingen (D)
– Mumpf: Restaurant Fähry (Campingpark; April–Oktober geöffnet, Mi geschlossen), www.campingparkmumpf.ch; Gasthof zum Anker (Mo/Di geschlossen), www.anker-mumpf.ch
– Wallbach: Gasthof Fabriggli (Sa/So geschlossen), www.gasthof-fabriggli.ch
– Rheinfelden: Zahlreiche Restaurants und viele Einkaufsläden
– Variante Riburg–Möhlin: Mehrere Restaurants und Einkaufsläden

Von Linn nach Thalheim

# Im Aargauer Jurapark

**4**

Aussichtsberg, Burgruine und ein uralter Baum: drei Attraktionen auf einer nicht allzu langen Wanderung vom obersten Fricktal ins Schenkenbergertal.

Die Linde von Linn gilt als grösster Einzelbaum des Kantons Aargau und ist wahrscheinlich die älteste Linde der Schweiz. Ob der Baum bereits zur Zeit von König Rudolf von Habsburg (um 1275) gepflanzt wurde oder erst später in Erinnerung an die Pestopfer, ist nicht bekannt. Für beide Versionen gibt es eine Legende: «Leit d'Linden-ihr's Chöpfli ûf's Ruedelis Hus. Se-nisch alli Welten ûs.» Mit «Ruedelis Hus» ist die Habsburg Rudolfs I. auf dem gegenüberliegenden Wülpelsberg gemeint. Tatsächlich fällt der Schatten der Linde zweimal im Jahr in Richtung Habsburg, doch ist er wegen der grossen Distanz gar nicht richtig wahrnehmbar — sonst wäre ja jetzt die Welt zu Ende! Die andere Legende ist etwas jünger: Ende 1668 pflanzte der letzte überlebende Linner eine Linde auf das Grab der durch die Pest dahingerafften Mitbürger. Seither ist die Linde ein Garant, dass die Pest nicht wieder ausbricht. Allerdings haben wissenschaftliche Abklärungen gezeigt, dass die Linner Linde viel älter, nämlich 700 bis 800 Jahre alt ist und somit schon zur Zeit der Pestzüge ein stattlicher Baum war.

Von Linn, das mit dem benachbarten Gallenkirch bis 2012 um den Rang der kleinsten Aargauer Gemeinde «wetteiferte» — beide Dörfer zählen ungefähr 135 Einwohner und gehören heute zur politischen Gemeinde Bözberg—, wandern wir auf Flurwegen zu den Höfen des Iberg, die zur Gemeinde Zeihen und damit zum katholischen Fricktal gehören. Ein grosses Holzkreuz oberhalb des Wegs markiert die Konfessionsgrenze, die bis 1801 auch die Landesgrenze zwischen Bern und Österreich war. Etwas später geniessen wir vom Zeiher Homberg einen umfassenden Ausblick auf das Fricktal und den südlichen Schwarzwald — also auf das Gebiet, das

‹
Vom Zeiher Homberg geniesst man eine herrliche Aussicht auf das Fricktal. Im Bild der Weiler Oberzeihen.

›
Die legendäre Linde von Linn.

jahrhundertelang als Teil von Vorderösterreich zum Habsburger Imperium gehörte.

Vom Zeiher Homberg geht es zurück in den reformierten und ehemals bernischen Aargau, und schon bald erkennen wir die Überreste einer Burg, welche dem Schenkenbergertal den Namen verliehen hat. Die Ruine Schenkenberg weckt bei vielen Kindern Abenteuer- und Kletterlust, bei Eltern und Lehrern jedoch Angst und Besorgnis angesichts der furchterregenden Wände und Türme. Das Klettern auf die Ruinenmauern ist denn auch verboten. Als Alternative bietet sich ein Brätelplausch an vorbereiteten Feuerstellen an — vielleicht mit einem Tropfen Schenkenberger, der am Südhang unterhalb der Ruine gedeiht.

Die Route digital für unterwegs.

**Schwierigkeit**
T1

**Strecke**
11 km

**Höhendifferenz**
390 m Aufstieg, 530 m Abstieg

**Wanderzeit**
3 Std.

**Ausgangspunkt**
Bözberg, Linn (Bus)

**Endpunkt**
Thalheim AG, Unterdorf (Bus)

**Route**
Der erste Teil der Wanderung (Linn bis Aufstieg Homberg) erfolgt ohne Wanderwegmarkierungen; der Rest ist ausgeschildert.

Von der Linner Linde (581 m) auf der Dorfstrasse die Ortschaft Linn durchqueren. Nach dem Ortsausgang auf dem Fahrsträsschen bleiben und bei den folgenden beiden Wegverzweigungen jeweils den linken (oberen) Weg wählen, an den Bauernhöfen des Ibergs vorbei zum Sissle-Tälchen hinunter. Dort nach links, dem Strässchen hinauf Richtung Chillholz folgen. Im Wald, 200 Meter nach der scharfen Linkskurve, nach rechts auf einen Waldweg abzweigen und den gelben Wanderwegzeichen folgend in grossen Schlaufen zum Grat des Zeiher Hombergs und zum Aussichtspunkt (782 m) hinauf.

Ruine Schenkenberg.

Auf gelb markierten Wegen geht es zum Chillholz (649 m) hinunter und weiter Richtung Schenkenberghöfe (564 m) und von dort zur Ruine Schenkenberg (630 m) hinauf. Von der Burgruine auf demselben Weg zurück bis zur Linkskurve. Dort geradeaus und durch den Wald, dann auf der Südseite des Schenkenbergs am Rebberg vorbei nach Thalheim (443 m) hinunter.

### Varianten
– Auf dem Jura-Höhenweg von der Linner Linde über den Linnerberg (722 m) zum Chillholz; direktere Route (Wanderzeit 1½ Std.), aber viel Wald und weniger aussichtsreich.
– Vom Chillholz statt auf dem markierten Wanderweg auf dem Fahrsträsschen (Polenstrasse) direkt zu den Schenkenberghöfen; etwas kürzer.
– Die Wanderung nach Süden fortsetzen: Von Thalheim via Gatter (642 m) auf dem Grat zur Gisliflue (772 m) hinauf und Abstieg nach Auenstein (374 m); zusätzliche Wanderzeit: 2½ Std. (siehe auch Route 5).

Blick vom Iberg auf den Zeiher Homberg (links) und den Asperstrihen.

### Verpflegung
– Unterwegs keine
– Thalheim: Restaurant Weingarten (Mi geschlossen), www.wygaertli-thalheim.ch; Restaurant Schenkenbergerhof (Mo/Di geschlossen), www.schenkenbergerhof.ch

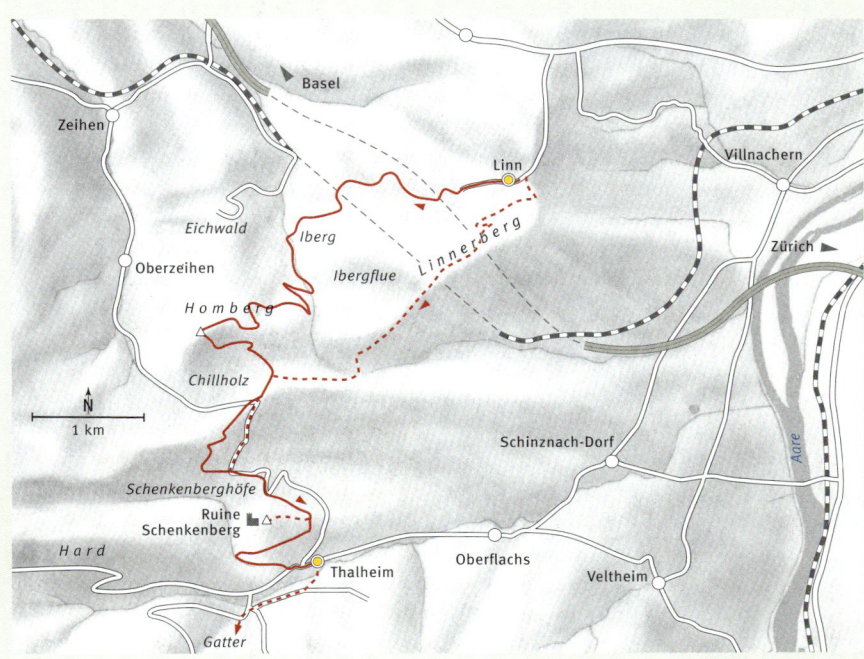

Von der Barmelweid nach Auenstein

# Aargauer Haute Route

Eine Wanderung über die höchsten Aargauer Gipfel – anstrengend und aussichtsreich.

Natürlich ist es übertrieben, von einer «Haute Route» zu sprechen, wenn der höchste Punkt der Route nicht einmal 1000 Meter über Meer liegt. Dennoch verspricht die Wanderung ein Höhenerlebnis, denn die Jurakette ragt 400 bis 500 Meter steil am Rand des Aaretals empor, und die Aussicht von den Gipfeln der Geissflue, Wasserflue und Gislifue reicht vom Säntis bis zu den Berner Alpen — falls das Wetter mitspielt. Und so ganz ohne Anstrengung geht es auch im scheinbar flachen Aargau nicht. Immerhin muss mit einer Wanderzeit von gegen 7 Stunden und mehreren Auf- und Abstiegen gerechnet werden. Wem das zu viel ist, kann die Wanderung auf zwei Tage verteilen.

Von der Klinik Barmelweid geht es gleich zum höchsten Punkt der «Haute Route», zur Geissflue (962 m). Doch der Aargau zeigt sich auch hier von seiner bekannten Bescheidenheit und überlässt den Gipfel den beiden Nachbarkantonen Solothurn und Basel-Landschaft. Erst 500 Meter weiter östlich weist ein Schild zum «höchsten Punkt im Kanton Aargau (908 m)». Im Übrigen kommen hier die Freunde alter und neuer Grenzsteine voll auf ihre Rechnung, denn der Grenzverlauf der Kantone Solothurn, Basel-Landschaft und Aargau ist, gelinde gesagt, kompliziert. Zur Verwirrung trägt vor allem die solothurnische Fast-Exklave Kienberg bei, die nur mit einem 200 Meter schmalen Streifen beim Geissfluegrat am Rest des Kantons angehängt ist.

Auf einer gemütlichen Wanderung gelangt man zur Salhöhe und weiter — von nun an definitiv im Aargau — auf einem sich allmählich akzentuierenden Grat zur Wasserflue. Wieder bewundern wir die Aus-

‹ Oberhalb der Staffelegg öffnet sich das weite Schenkenbergertal.

› Die Gisliflue ist bekannt für ihre tolle Aussicht. Blick zu den Aargauer und Solothurner Juragipfeln.

sicht, diesmal nach Süden ins Mittelland bis hin zum Alpenbogen, nach Osten über die bewaldeten Juraketten und nach Norden ins Fricktal und zum Schwarzwald. Die Ostwand, die wir als Jugendliche noch hinaufgeklettert waren, ist heute überwachsen und ziemlich unzugänglich. So wandern wir auf dem Gratweg zurück und steigen nordwärts via Benkerjoch und Herzberg zur Staffelegg ab. Von dort erreichen wir den Homberg. Wir folgen seiner bewaldeten Krete, durchmessen den Bergsattel (Gatter) und gelangen schliesslich über einen felsdurchsetzten und bewaldeten Grat zur Gisliflue, wo die Aussicht noch umfassender ist. Denn auf diesem nur 772 Meter hohen unbewaldeten Gipfel geniessen wir ein 360-Grad-Panorama, das viele Aargauer für das schönste des Kantons halten. So niedrig diese «Haute Route» auch ist, sie bietet doch überraschende Höhepunkte.

Die Route digital für unterwegs.

**Schwierigkeit**
T1

**Strecke**
23 km

**Höhendifferenz**
890 m Aufstieg, 1280 m Abstieg

**Wanderzeit**
6¾ Std.

**Ausgangspunkt**
Barmelweid (Bus)

**Endpunkt**
Auenstein, Eggen (Bus)

**Route**
Die gesamte Wegstrecke ist gelb markiert und verläuft teilweise auf dem Jura-Höhenweg 5. Von der Klinik Barmelweid (774 m) in grossen Schlaufen zur Rohrerplatte und Geissflue (963 m) aufsteigen. Auf angenehmen Waldwegen, meist in der Nähe des Grates, zur Salhöhe (787 m) und auf schmalen Pfaden zur Wasserflue (866 m) und zu ihrer weiter östlich gelegenen Aussichtskanzel (844 m). Auf demselben Weg 600 Meter zurück, dann rechts hinunter zum Benkerjoch (674 m). Nun meist auf breiten Wegen zum Herzberg und zur Staffelegg (620 m).

Auf der Asphaltstrasse Richtung Thalheim bis hinauf zum Pässchen (658 m). Dort nach rechts und kurz darauf nochmals nach rechts zur Hombergegg (778 m) hinauf. Auf dem Grat ostwärts und jenseits der Senke (Gatter, 642 m) auf einem felsdurchsetzten Pfad zur Gisliflue (772 m) hinauf. Weiter meist auf dem Grat zum Veltheimerberg (541 m) hinunter. Dort nach rechts abzweigen und nach Auenstein hinabwandern. Die Postautohaltestelle Eggen liegt am Wanderweg.

**Varianten**
– Die Aargauer «Haute Route» auf zwei Tage verteilen. Unterbrechungsmöglichkeiten: Salhöhe (Bus nach Aarau, Postauto nach Gelterkinden), Benkerjoch und Staffelegg (je Postauto nach Aarau und Frick).

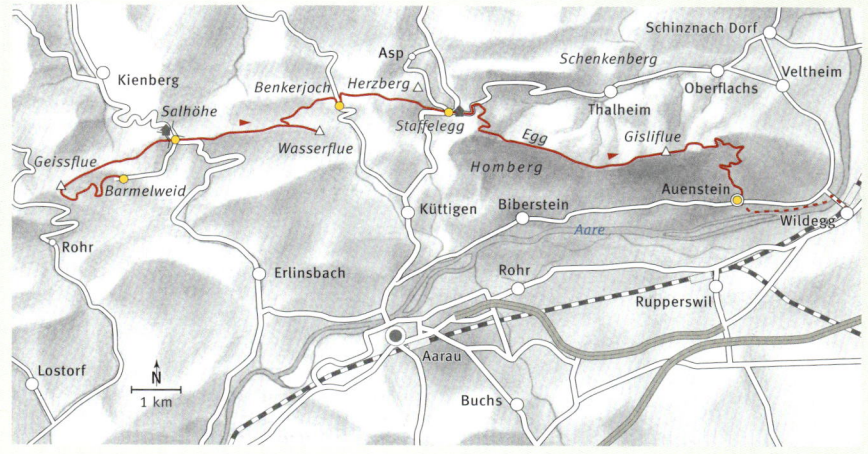

– Auf den Aussichtspunkt Wasserflue verzichten und von der Salhöhe direkt zum Benkerjoch absteigen. Zeitersparnis: 30 Min.
– Von Auenstein der Aare entlang nach Wildegg wandern; zusätzliche Gehzeit: 40 Min.

**Verpflegung**
– Waldgasthaus Chalet Saalhöhe (Mo geschlossen), www.chalet-saalhoehe.ch
– Restaurant Staffelegg (Mo/Di geschlossen), Telefon 062 878 16 88

Blick von der Wasserflue auf den weiteren Verlauf der Aargauer Haute Route mit der Staffelegg (Bildmitte) und dem Höhenzug der Gisiflue (rechts).

Auf dem Weg nach Wisen grüssen grüne Matten und bewaldete Hügel des oberen Baselbiets.

Von Trimbach nach Läufelfingen

## 6 Aussicht zu den Schneebergen

Gleich zwei grosse Burgruinen liegen am Weg unserer Juraüberquerung vom Aaretal ins Obere Baselbiet. Beide Burgen wurden von den Grafen von Frohburg erbaut, um den Pass am Unteren Hauenstein zu kontrollieren. Beide sind – aus unterschiedlichen Gründen – zerfallen.

Je rarer etwas ist, desto intensiver wünscht man es sich, zum Beispiel die Aussicht auf die Alpen. So erzählen ältere Oberbaselbieterinnen und Oberbaselbieter, dass sie an Sonntagen oftmals auf die Jurahöhen gestiegen seien, um die Schneeberge anzuschauen. Wenn diese Höhen aber dicht bewaldet sind, gibt es nichts zu sehen. Es sei denn, man baut einen Turm, der über die Baumwipfel hinausragt. Ein solcher Aussichtsturm steht seit 1926 auf dem Wisenberg, just an der Grenze des Baselbiets und exakt auf 1001 Metern über Meer. Die Aussicht vom Wisenberg-Turm ist tatsächlich umfassend. Kein Berg und kein Baum steht dem Panoramablick im Weg. Und wer wissen will, wie all die Dörfer, Weiler, Hügel und Berge heissen, findet auf den Panoramatafeln eine detailgetreue Antwort. Wahrlich ein Ort zum Verweilen!

Ebenfalls für einen Aufenthalt — oder zumindest für einen Picknickhalt — eignen sich die Burgruinen Frohburg und Homburg. Es sind grosse, eindrückliche Ruinen, und beide wurden zur Bewachung des Passübergangs am Unteren Hauenstein errichtet. Die ältere, die Frohburg, wurde bereits um 900 auf einem Felssporn erbaut, erst aus Holz und ab dem Jahr 1000 aus Stein. Vom 11. bis ins 14. Jahrhundert beherrschten die Grafen von Frohburg grosse Gebiete zwischen der Aare und dem Rhein und gründeten nicht weniger als acht Städte: Liestal, Waldenburg, Klus, Wiedlisbach, Fridau (1375 von den Guglern zerstört), Olten, Aarburg und Zofingen. Doch Geldmangel und das gewaltige Erdbeben von Basel (1356), bei dem die Burganlage nachhaltig beschädigt wurde, läuteten den Niedergang der Grafen von Frohburg ein. Als darauf der letzte Frohburger, gemäss einer Legende, wegen seines Hochmutes auf der Oltener Holzbrücke vom Blitz erschlagen wurde — tatsächlich aber friedlich im Kloster St. Urban 1367 verstarb —, wurde das Stammschloss definitiv aufgegeben.

Zwei unterschiedlich renovierte Burgruinen: Ruine Homburg (links) und Ruine Frohburg (rechts).

Weitaus länger instand gehalten wurde die Homburg, die 1240 ebenfalls von den Grafen von Frohburg erbaut, bald darauf aber an den Bischof von Basel verkauft wurde. Lange Zeit diente die Burg den Baslerinnen und Baslern als Vorposten gegen solothurnische Übergriffe, bis sie schliesslich 1798 im Gefolge der Französischen Revolution angezündet und danach noch als Steinbruch genutzt wurde. Dennoch ist der mächtige, dreigeschossige Wohnturm mit seinen drei Meter starken Mauern bis heute erhalten geblieben. Über die 2010 beendete Renovierung der Burganlage gehen die Meinungen allerdings auseinander, denn Stein und Betonverputz stossen hier krass aufeinander. Dafür ist die Ruine aber absolut unfallsicher geworden.

Die Route digital
für unterwegs.

**Schwierigkeit**
T1, Abstieg nach Bad Ramsach T1–T2

**Strecke**
13 km

**Höhendifferenz**
820 m Aufstieg, 670 m Abstieg

**Wanderzeit**
4 ½ Std.

**Ausgangspunkt**
Trimbach (Bahn)

**Endpunkt**
Läufelfingen (Bahn)

**Route**
Vom Bahnhof Trimbach der Bahnlinie entlang westwärts bis zur Passerelle. Dort nach rechts, den Wanderwegzeichen folgend auf einem Teersträsschen den Südhang hinauf Richtung Marenacher und Frohburg. Nach dem Hof Marenacher (651 m) nach links und im Wald wieder nach links zur Burgruine Frohburg (820 m) hinauf. Von der Ruine hinüber zum ehemaligen Restaurant Froburg.

Kurz auf dem Wanderweg Richtung Nordost bis P. 836, dort nach links auf dem Jura-Höhenweg zur Wisnerhöchi (786 m) und wieder auf einem Wanderweg zum Dorf Wisen (709 m) hinunter. Dort geht es gleich wieder aufwärts, den Wanderwegzeichen folgend, an Einfamilienhäusern vorbei zum Wald hinauf und entweder direkt oder in grossen Schlaufen zum Aussichtsturm Wisenberg (1001 m).

Vom Triangulationspunkt durch den Wald hinunter zur Wisenbergmatte, wo wir beim Wegweiser (P. 942) den unscheinbaren Waldweg Richtung Tüfelschuchi (steiler Abstieg) wählen

Blick ins Homburgertal.

und auf schmalem Pfad zum Bad Ramsach (739 m) hinuntersteigen. Nun nach links, vorerst auf einer Autostrasse, dann nach rechts auf einem Wanderweg direkt zur Burgruine Homburg (644 m). Wenige Meter unterhalb der Burgruine geht es linker Hand auf Waldwegen nach Läufelfingen (559 m).

## Varianten
– Vom Restaurant Isebähnli (Bushaltestelle Trimbach, Eisenbahn) auf einem Bergweg direkt zur Burgruine Frohburg aufsteigen (T2–T3). Dieser mit lokalen, hellgelben Wegweisern markierte Aufstieg führt von der grossen Linkskurve beim Restaurant Isebähnli zuerst auf der Westseite, dann auf der Ostseite des Hegibergs zum Geissfluegrat und auf diesem zum Gipfel der Geissflue (812 m) hinauf. Danach geht es in einem Katzensprung zur Burgruine Frohburg hinüber; Wanderzeit: 1¼ Std.
– Vom Unteren Hauenstein zur Wisnerhöchi; deutlich kürzer, aber ohne Burgruine Frohburg.

## Verpflegung
– Trimbach: Mehrere Restaurants und Einkaufsläden
– Wisen: Gasthof Löwen (Mi/Do geschlossen), www.gasthof-loewen-wisen.ch; Restaurant Sonne (Mo geschlossen), sonnewisen.jimdo.com
– Bad Ramsach Kurhotel (täglich geöffnet), www.badramsach.ch
– Läufelfingen: Einige Restaurants und Einkaufsläden
– Variante: Trimbach, Restaurant Isebähnli (Mo geschlossen), www.isebaehnli.info
– Abseits der Route: Hupp Lodge (Mo geschlossen), www.hupplodge.ch

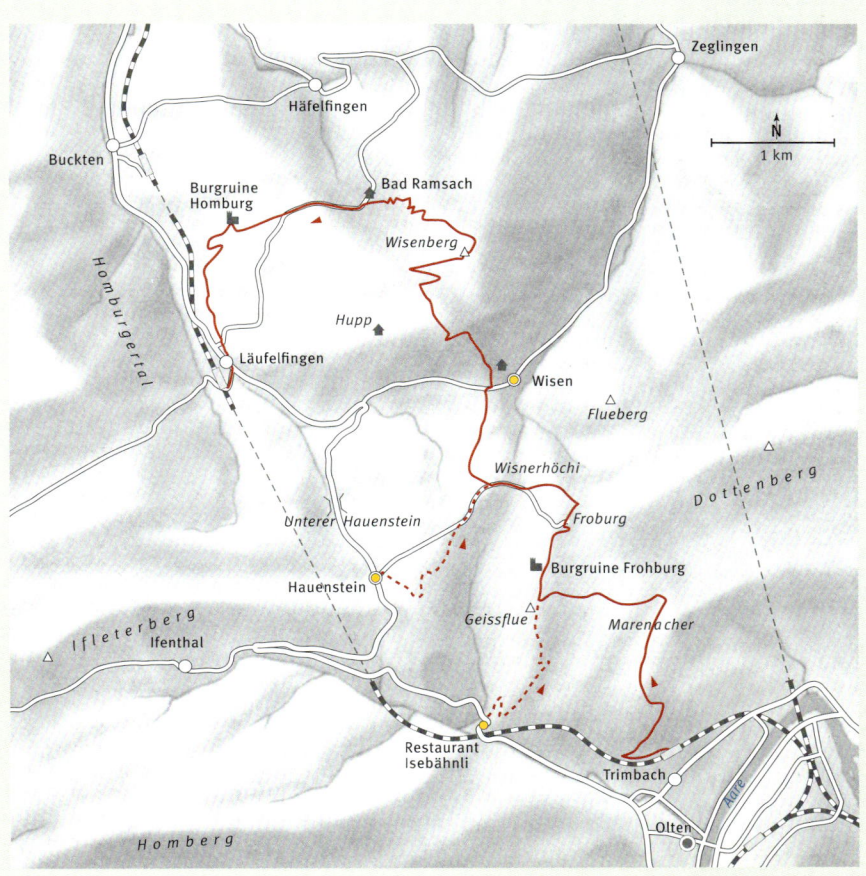

Von Zeglingen nach Gelterkinden

# Baselbieter Blustwanderung

«Kein schöner Land in dieser Zeit …» möchte man singen, wenn man im Frühling über den Baselbieter Tafeljura wandert, die blühenden Kirschbäume bewundert und die schmucken Dörfer bestaunt.

Blustfahrten ins Baselbiet gehörten in früheren Zeiten zu den bevorzugten Sonntagsvergnügen der älteren Generation. Wenn im Frühling die Kirschbäume ihre schneeweissen Blüten entfalteten, fuhren die Seniorinnen mit ihren Gatten carweise auf den Tafeljura, erfreuten sich an der hellen Blütenpracht und genossen ein feines Mittagessen in einer Landbeiz. Heute sind Carfahrten ins Kirschenland nicht mehr so gefragt wie früher.

Doch die Faszination der blühenden Obstbäume ist geblieben. Und warum nicht den Blütenzauber zu Fuss erleben? Allerdings muss man in dieser wunderbaren Kulturlandschaft immer wieder längere Hartbelagstrecken in Kauf nehmen.

Die vorgeschlagene Wanderroute führt zuerst steil hinauf zum Aussichtspunkt Zigflue, von wo man einen prächtigen Überblick über die Felder und Wälder und einige der schönsten Tafeljura-Dörfer des Oberen Baselbiets erhält. Danach steigt man an der nördlichen Bergflanke hinunter nach Oltingen, das inmitten von Obstbäumen harmonisch eingebettet zwischen sanften Wiesenhängen liegt. Die Kirche aus dem 13. Jahrhundert bildet zusammen mit dem markanten Pfarrhaus, der Pfarrscheune, dem Beinhaus und dem ummauerten Friedhof ein eindrückliches Ensemble. Noch berühmter sind die spätmittelalterlichen Fresken im Innern der Kirche, welche das Jüngste Gericht darstellen und erst 1956 dank dem Spürsinn des Dorflehrers Weitnauer bei einer Renovation entdeckt worden waren.

Auch Anwil, das nächste Ziel unserer Blustwanderung, gehört auf die Liste der schönsten Baselbieter Dörfer. Die beste Sicht auf den alten, kompakt gebauten Dorfteil hat man von der südlichen Anhöhe, die auf dem Flursträsschen von Oltingen kurz vor Anwil erreicht wird. Schön gestaffelt, Giebel hinter Giebel, stehen die alten Mehrzweckhäuser am Gegenhang. Charakteristisch für das Baselbieter Haus ist der «Knick» im

‹
Kirschblüte in Oltingen.

›
Schön gestaffelt, Giebel hinter Giebel, stehen die alten Mehrzweckhäuser von Anwil.

Satteldach, die sogenannte Würgi. Diese Knickung im unteren Teil des Daches brachte mehr Licht in die Posamenterstuben. Denn von vielen Bauernfamilien des Oberbaselbiets wurden im 19. bis zur Mitte des 20. Jahrhunderts kunstvolle Seidenbänder – sogenannte Posamenten – in Heimarbeit hergestellt.

Die Fortsetzung der Wanderung führt hinunter ins schmale Ergolztal mit zwei Weiherbiotopen und gleich wieder hinauf auf die Tafeljurafläche von Wenslingen. Auch dieses Dorf ist im Bundesinventar der geschützten Ortsbilder verzeichnet und weist eine Reihe stattlicher Bauernhäuser auf. Doch seine Umgebung sieht seltsam leer aus. Eine weite, fast baumlose Ebene zieht sich bis zu den Kirschbaumhängen von Oltingen hin. Für den modernen Ackerbau sind Bäume eben ein Hindernis. Kompensiert wird diese Baumarmut durch das Grossholz, den prächtigen Buchen-Eichen-Wald, der sich auf der Juratafel zwischen Wenslingen und Ormalingen ausbreitet und die Ostflanke des Eitals bei Tecknau bedeckt.

Die Route digital für unterwegs.

**Schwierigkeit**
T1

**Strecke**
17 km

**Höhendifferenz**
540 m Aufstieg, 680 m Abstieg

**Wanderzeit**
4 ¾ Std.

**Ausgangspunkt**
Zeglingen, Oberdorf (Bus)

**Endpunkt**
Gelterkinden (Bahn)

**Route**
Von Zeglingen (535 m) gemäss Wegweiser vorerst auf einem Teersträsschen, dann auf Feldwegen und teilweise sehr steilen Waldpfaden zur Zigflue hinauf. Beim Wegweiser Zigflue (P. 767) nach links auf einem nicht markierten Pfad zum Aussichtspunkt Zigflue (759 m). Auf demselben Pfad zurück, am Wegweiser vorbei und kurz danach, beim roten Bänklein, links über den felsigen Hang abwärts, dann durch den Wald und die Obstbaumwiesen nach Oltingen (572 m). Nun auf der Strasse Richtung Anwil (ohne Markierung), nach 200 Metern nach rechts auf ein wenig befahrenes Flursträsschen und hangparallel am Reizackerhof vorbei nach Anwil (588 m).

Beim Dorfbrunnen gemäss Wegweiser die Dorfstrasse hinauf, nach links zum Waldrand und wieder nach links ins schmale Ergolztal hinunter. Die Hauptstrasse überqueren, am Oberen Talweiher (Naturschutzgebiet, 503 m) vorbei, den Gegenhang hinauf und auf Wiesen- und Feldwegen über den Tafeljura nach Wenslingen (563 m).

Dann der Hauptstrasse nordwärts folgen bis zur scharfen Linkskurve unten im Wald; dort auf einem markierten Pfad schräg aufwärts zur Geländekante und dieser Kante folgen. Vor dem Gehöft Aerntholden (535 m) nach links und gemächlich abwärts nach Gelterkinden (402 m) oder geradeaus und steil hinunter nach Ormalingen (423 m).

### Varianten
– Dank dem Postauto kann die Wanderung in Oltingen, Anwil und Wenslingen abgekürzt werden.
– Von Oltingen auf dem Baselbieter Chirsiweg direkt nach Wenslingen; 1 Std. kürzer, aber eher langweilige Wegstrecke.
– Von Anwil durch das Ergolztal via Rothenfluh und Ormalingen nach Gelterkinden: etwas kürzer, aber viel Asphalt und im letzten Abschnitt dicht besiedelt.
– Von Wenslingen in einer halben Stunde hinunter zum Bahnhof Tecknau.

### Verpflegung
– Zeglingen: Gasthof Rössli (Wiedereröffnung geplant), www.roessli-zeglingen.ch
– Oltingen: Restaurant Ochsen (unregelmässig geöffnet), www.ochsenoltingen.ch
– Anwil: Restaurant Jägerstübli (Mo/Di geschlossen), www.jaegerstuebli-anwil.ch
– Wenslingen: Restaurant Dorfbeizli (Do geschlossen)
– Gelterkinden: Mehrere Restaurants und Einkaufsläden

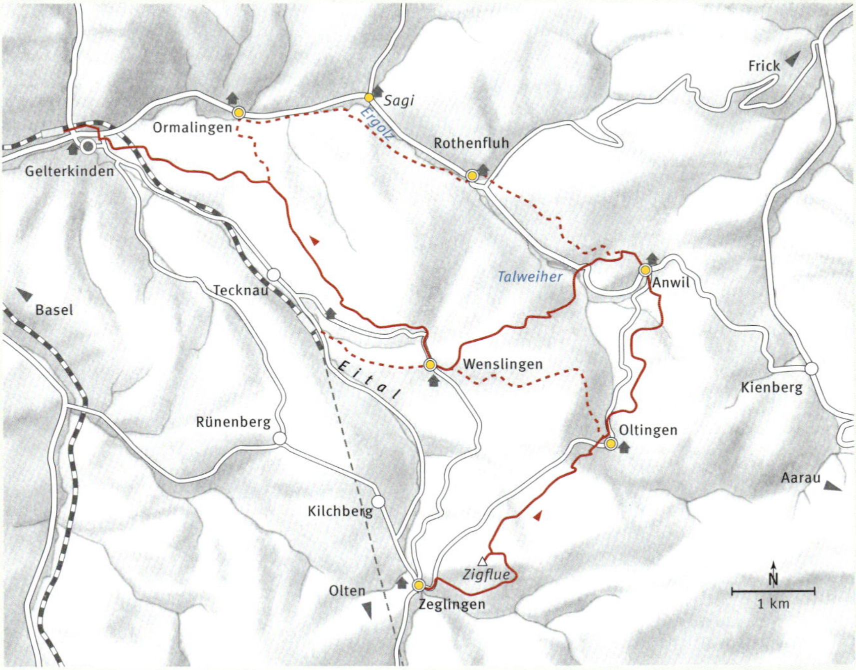

Von Liestal nach Sissach

# Sissacherflue

Hoch über dem verkehrsreichen Ergolztal führt ein schattiger Weg zur Sissacherflue und zur Burgruine Bischofstein. Prächtige Ausblicke entlohnen die Mühen des steilen Aufstiegs auf die Tafeljurahöhen.

Unterwegs gibt es mehrere Picknickplätze mit Feuerstellen und zwei Waldwirtschaften. Für nicht Ortskundige hält der Höhenweg allerdings ein paar überraschende Wendungen bereit. Es lohnt sich deshalb, eine gute Wanderkarte mitzunehmen.

Vor dem eigentlichen Start zur Wanderung empfiehlt sich unbedingt ein Besuch der sehenswerten Altstadt von Liestal. Die heutige Kantonshauptstadt von Baselland wurde im 13. Jahrhundert auf einem kleinen Geländesporn errichtet, welcher den Zugang zu den beiden Hauensteinpässen kontrolliert. Nach mehreren Besitzerwechseln kam das mit vielen Freiheitsrechten ausgestattete Liestal im Jahr 1400 zur Stadt Basel, womit die meisten Vorrechte wieder verloren gingen. In den folgenden Jahrhunderten rebellierte Liestal immer wieder gegen die Bevormundung durch die Stadt am Rheinknie. So unterstützte es im 16. und 17. Jahrhundert die (meist erfolglosen) Bauernbewegungen und wurde ab 1790 im Zuge der Französischen Revolution zum Zentrum der Befreiungsbewegungen. Bei der Gründung des Kantons Basel-Landschaft (1833) spielte Liestal eine führende Rolle und wurde Kantonshauptstadt.

Den besten Überblick über Liestal und seine Umgebung hat man vom 30 Meter hohen Aussichtsturm auf dem Schleifenberg: Im Süden das dicht besiedelte Ergolztal mit seinen Autobahnzubringern, Eisenbahnen, Haupt- und Nebenstrassen, im Norden ausgedehnte Wälder, Wiesen, Weiler und kleine Dörfer. Dank viel Wald hört man auf dem Weg zum nächsten markanten Aussichtspunkt, der Sissacherflue, kaum etwas vom Verkehrslärm

‹
Wintersingen inmitten grosser Landwirtschaftsflächen des Tafeljuras.

›
Der alte Aussichtsturm von Liestal.

im Ergolztal. Bereits im 6. Jahrhundert n. Chr. gab es eine Fluchtburg auf der markanten Fluh oberhalb Sissach. Sie bestand bis ins 10. Jahrhundert. Heute sind beim Picknickplatz noch Mauerreste der ursprünglichen Burg zu sehen. Im 16. und 17. Jahrhundert diente der Sissacher Aussichtspunkt als Hochwacht und gehörte zum Melde- und Warnsystem der Alten Eidgenossenschaft.

Weniger bekannt, weil diskret im Wald versteckt, aber durchaus attraktiv, ist die Burgruine Bischofstein. Die Burganlage wurde in der zweiten Hälfte des 13. Jahrhunderts vom Bischof von Basel errichtet, ging 1311 als Lehen an die Herren von Eptingen und wurde 1356 beim Erdbeben von Basel stark beschädigt. Sie blieb aber bis ins 16. Jahrhundert weiterhin bewohnt. Die Burgruine ist heute frei zugänglich. Der runde Bergfried, dem heute das Dach fehlt, kann — auf eigene Gefahr! — auf einer Eisenleiter bestiegen werden.

Die Route digital für unterwegs.

**Schwierigkeit**
T1

**Strecke**
15 km

**Höhendifferenz**
700 m Aufstieg, 650 m Abstieg

**Wanderzeit**
4 ½ Std.

**Ausgangspunkt**
Liestal (Bahn)

**Endpunkt**
Sissach (Bahn)

**Route**
Vom Bahnhof Liestal (322 m) den Wanderwegzeichen folgend zum Westrand der Altstadt, dem Orisbach entlang abwärts und auf Verkehrsstrassen zum Flüsschen Ergolz. Über die Brücke, nach links an einer Giesserei vorbei, halb rechts den Weissfluhweg hinauf und bald wieder nach rechts (Wegweiser: «Aussichtsturm»). Auf markiertem Pfad zum Schleifenberg, dort nach rechts und auf breitem Waldweg zum Aussichtsturm (606 m).

Leicht abwärts zur Strassenkreuzung Stächpalmenhegli (497 m, Bushaltestelle). Kurz der Strasse Richtung Hersberg folgen, dann nach rechts Richtung Sissacherflue und gleich darauf nach links den steilen Weg hinauf und um den Grammet-Hügel herum bis zu einem querenden Wanderweg. Nach links, den Wanderwegzeichen folgend über eine Teerstrasse und geradeaus durch den Wald zum Forenacher (557 m). Über offenes Land, dann durch den Schward-Wald zur Grimstelucke (599 m) und über einen Bergkamm zu einem Pässchen, das Nusshof mit Sissach verbindet (Bushaltestelle, 602 m). Nun auf einem geteerten Strässchen zum Aussichtspunkt Sissacherflue (700 m) hinauf.

Blick von der markanten Flue auf Sissach hinunter.

Am Südrand der Sissacherflue entlang zur Böckterflue hinüber und zur Burgruine Bischofstein (699 m). Zurück zum Wegweiser und den gelben Wegzeichen folgend nach Sissach (376 m) hinunter.

### Variante
Von der Sissacherflue direkt nach Sissach hinunter; kürzer, aber ohne Burgruine Bischofstein.

### Verpflegung
– Liestal: Zahlreiche Restaurants und Einkaufsläden
– Turmwirtschaft Aussichtsturm (nur an Sonn- und Feiertagen geöffnet), www.aussichtsturm-liestal.ch
– Bergwirtschaft Sissacherfluh, www.sissacherfluh.ch
– Sissach: Zahlreiche Restaurants und Einkaufsläden

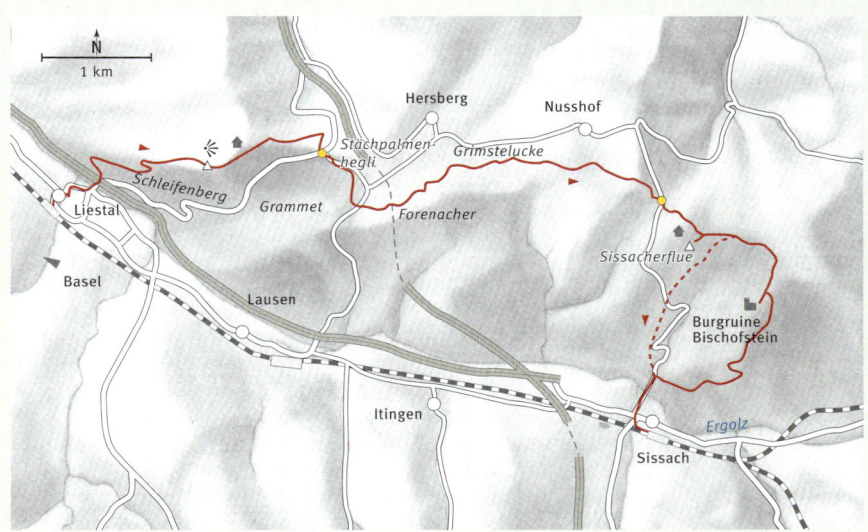

Burg Birseck mit Gutshof oberhalb von Arlesheim.

Von Arlesheim nach Muttenz

# Top of Basel

Diese abwechslungsreiche Wanderung über das Gempenplateau führt zu grossartigen Aussichtspunkten und Burgruinen.

Wo der Jura zur Oberrheinischen Tiefebene abbricht, sind schöne Aussichten garantiert — sei es vom Gempenstollen (Schartenflue), dem Sulzchopf oder von der Burgruine Wartenberg. Von diesen Aussichtspunkten schweift der Blick weit übers Land und das schier unermessliche Häusermeer von Basel rheinabwärts bis zum verblassenden Horizont. Das Gempenplateau steht wie eine natürliche Schanze zwischen Birs und Rhein vor den Toren Basels. Diese Plattform haben sich schon die Alten Eidgenossen im Schwabenkrieg 1499 zunutze gemacht, als sie vom Gempenstollen aus das schwäbische Heer beobachteten, welches das solothurnische Schloss Dorneck belagerte. Mit einem Angriff von oben wurden die Schwaben überrascht und vernichtend geschlagen. Die Schlacht bei Dornach und der nachfolgende Frieden von Basel bedeuteten das Ende des Schwabenkriegs.

Kurze Zeit später (1501) wurde das aufstrebende Basel in den Bund der Eidgenossen aufgenommen, und 1529 führte die Stadt am Rheinknie den reformierten Glauben ein. Damit hatte der Fürstbischof von Basel, dessen Hoheitsgebiet vom Bielersee bis ins Elsass reichte, seine Heimbasis definitiv verloren. Er residierte fortan in Pruntrut, während das Domkapitel, dem die Verwaltung des Fürstbistums oblag, nach Freiburg im Breisgau zog, von dort aber nach 150 Jahren wieder vertrieben wurde und sich schliesslich im kleinen Bauerndorf Arlesheim niederliess. Sofort wurde mit dem Bau der Verwaltungsgebäude und des Doms begonnen, und bereits 1681 konnte das frühbarocke Gotteshaus eingeweiht werden. Sein heutiges Aussehen als heller Rokokobau erhielt der Dom mit dem Umbau 1759–1761.

Wenig später entstand am Südhang des Schlosses Birseck ein Landschaftsgarten nach englischem Vorbild. Labyrinthmässig angelegte Weglein, dunkle Grotten und Höhlen, lauschige Plätzchen und eine künstliche Eremitenklause laden zum Spazieren, Verweilen und Staunen ein. Die Ermitage ist ein Ort der Ruhe und für viele auch ein Ort der Kraft.

Der Dom von Arlesheim ist ein imposantes Zeugnis aus der Rokoko-Zeit.

Die Aussicht vom Sulzchopf reicht weit über die Stadt Basel hinaus bis in die Oberrheinische Tiefebene.

Zum Staunen regt auch das Goetheanum im benachbarten Dornach an. Nur schon die Dimensionen dieses eigentümlichen Baus sind eindrücklich: 72 Meter lang, 64 Meter breit und 37 Meter hoch ist der 1928 fertig erstellte Oberbau, der auf einem noch grösseren Sockel steht. Dieses bunkerartige Bauwerk, das weitestgehend auf rechte Winkel verzichtet, wurde von Rudolf Steiner, dem Gründer der anthroposophischen Lehre, geplant und ist bis heute das geistige Zentrum der Anthroposophie.

Auch Muttenz, am Ende unserer Wanderung, kann mit architektonischen Sehenswürdigkeiten aufwarten: Bekannt ist die mittelalterliche Wehrkirche St. Arbogast, die nach dem Erdbeben von Basel 1356 wieder aufgebaut und zum Schutz der Bevölkerung mit einer Wehrmauer umgeben wurde. Historisch bedeutsam ist aber auch die Wohnsiedlung Freidorf von 1920, die erste grosse, funktional und ästhetisch klar konzipierte Genossenschaftssiedlung der Schweiz.

Die Route digital für unterwegs.

**Schwierigkeit**
T1

**Strecke**
17 km

**Höhendifferenz**
680 m Aufstieg, 720 m Abstieg

**Wanderzeit**
5 Std.

**Ausgangspunkt**
Arlesheim, Dorf (Tram)

**Endpunkt**
Muttenz, Dorf (Bus/Tram)

**Route**
Vom Dorfzentrum Arlesheim (334 m) auf der Dorfgasse zur Ermitagestrasse und dem Dorfbach entlang zur Ermitage. Dort nach links auf romantischen Weglein durch den Landschaftsgarten zur Burg Birseck (400 m) hinauf. Zurück ins Seitental zu den Weihern und auf einem gelb markierten Strässchen dem Waldrand entlang Richtung Schönmatt. Bei der markanten Linkskurve (im Wald) geradeaus auf einem Treppenweg zu einem Mergelsträsschen hinauf; dort nach rechts und in einem grossen Bogen der Talflanke entlang zum Finsterbode (576 m). Nach 100 Metern den Wanderweg verlassen und weiter auf dem breiten (nun unmarkierten) Weg bis zu einer Zufahrtstrasse mit Parkplatz (573 m). Nun nach links Richtung Schartenflue den Wanderwegzeichen folgend zum Gempenturm (759 m) hinauf.

200 Meter auf demselben Weg durch den Wald zurück, dann nach rechts gemäss Wanderwegzeichen zum Weiler Stollen hinunter und auf geteerten Strässchen zum Restaurant Schönmatt. Geradeaus zum Waldrand hinunter und bei der Wegkreuzung Eichmatt (563 m) nach rechts Richtung Sulzchopf, vorerst auf der Kantonsgrenze SO/BL, dann auf Waldwegen bis zum Aussichtspunkt Sulzchopf (581 m).

Von dort gemäss Wanderwegweiser durch den Wald in nordöstlicher Richtung abwärts zum Restaurant Egglisgraben. Dann dem Waldrand entlang nordwestwärts, über ein Feld und hinauf zur Burgruine Hintere Wartenberg (476 m). Von dort über die Hügelkuppe zur Burgruine Mittlere Wartenberg (478 m), dann abwärts und scharf nach links hinunter nach Muttenz (285 m). Auf der breiten Dorfstrasse zur Tramstation Muttenz Dorf oder weiter zum SBB-Bahnhof Muttenz.

### Varianten
– Vom Bahnhof Dornach-Arlesheim direkt zur Schartenflue (Gempenturm) hinauf; etwas kürzer, aber steiler. Bei dieser Variante verpasst man Arlesheim und die Ermitage, kommt aber am Goetheanum und der Burgruine Dorneck vorbei.
– 300 Meter vor dem Restaurant Schönmatt nach rechts auf einem geteerten Waldsträsschen direkt zum Sulzchopf; kürzer, aber alles Hartbelag.
– Von Egglisgraben in 30 Minuten nach Pratteln absteigen; kürzer, aber ohne die attraktive Burgruine Wartenberg und ohne den historischen Dorfkern von Muttenz.

### Verpflegung
– Arlesheim: Zahlreiche Restaurants und Einkaufsläden
– Restaurant Gempenturm (zwischen September und Juni Mo/Di geschlossen), www.gempenturm.com
– Restaurant Schönmatt (Mo/Di geschlossen), www.restaurant-schoenmatt.ch
– Restaurant Egglisgraben (Mo/Di geschlossen), www.egglisgraben.ch
– Muttenz: Zahlreiche Restaurants und Einkaufsläden
– Variante: Restaurant Schlosshof (bei der Burgruine Dorneck; Mo geschlossen), www.schlosshof-dornach.ch

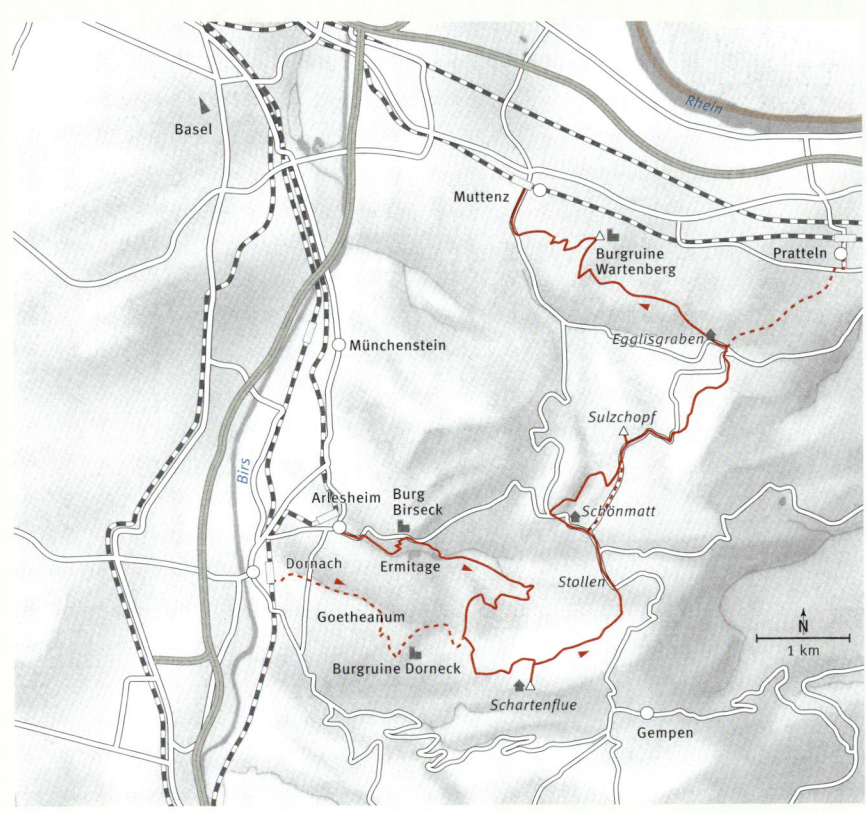

Die Ruine Landskron bei Mariastein.

Von Leymen nach Laufen

# Mariastein

**10**

Eine Burgruine, eine Wallfahrtskirche, ein «blauer Berg» und ein historisches Städtchen stehen bei dieser abwechslungsreichen Wanderung auf dem Programm. Und dazu mehrere Grenzüberschreitungen.

Schon der Start erfordert eine Grenzpassage, denn der Ausgangspunkt der Wanderung liegt im französischen Dörfchen Leymen. Auf der Südseite der mächtigen Burgruine Landskron überschreiten wir dann wieder die Landesgrenze und gelangen in die solothurnische Exklave Mariastein. Die nächste Kantonsgrenze befindet sich auf der Krete des Blauen, wo wir ins basellandschaftliche Laufental hinüberwechseln, wobei der Bezirk Laufen erst seit 1994 zum Kanton Basel-Landschaft gehört, vorher aber bernisch war und noch früher zum Fürstbistum Basel gehörte.

Zurück zum ersten Höhepunkt der Wanderung, der imposanten Burgruine Landskron. Vor über 700 Jahren von der adligen Basler Familie Münch erbaut, stand die Burg bis zum Dreissigjährigen Krieg (1618 – 1648) unter dem Schutz des Fürstbischofs von Basel. Im Westfälischen Frieden (1648) wurde die Landskron dem französischen Königreich zugeteilt und in den folgenden Jahrzehnten nach Plänen des berühmten Militärstrategen Vauban erweitert und verstärkt, um sie gegen Angriffe aus der Eidgenossenschaft zu schützen. Der finale Angriff erfolgte allerdings nicht von den Eidgenossen, sondern von den vereinigten konservativen Königshäusern im Krieg gegen Napoleon (1813). Drei Tage dauerte der Artilleriebeschuss, ohne dass die fünf Meter dicken Mauern nennenswerten Schaden erlitten hätten. Dennoch gab die Besatzung der Landskron ihren Widerstand auf und unterzeichnete die Kapitulation im nahe gelegenen Bad Flüh. Im folgenden Jahr sprengten Mineure der alliierten Truppen grosse Teile der Burg.

Fast ebenso alt wie die Landskron und noch berühmter ist die Wallfahrtsgrotte von Mariastein. Ihre grosse Ausstrahlung geht auf ein mirakulöses Ereignis aus dem 14. Jahrhundert zurück, als ein Kind den Sturz über einen hohen Fels dank dem Eingreifen der Gottesmutter Maria wunderbarerweise überlebte. Schon bald besuchten Pilger von weit her den Gna-

Auf dem Weg durch die kühlen Laubwälder des Blauen …

… erreicht man das mittelalterliche Städtchen Laufen mit seiner schmucken Hauptgasse.

denort. Heute gibt es in Mariastein ein Benediktinerkloster, eine gotische Kirche mit barocker Ausgestaltung, ein Kur- und Seminarhaus, einen prächtigen Kräutergarten, ein Laden mit religiösen und profanen Artikeln und zwei Wirtshäuser. Die Grotte von Mariastein ist nach Einsiedeln mittlerweile zum beliebtesten Wallfahrtsort der Schweiz geworden — nicht zuletzt auch dank den vielen (katholischen und hinduistischen) Tamilinnen und Tamilen.

Am Schluss der Wanderung, nachdem wir die breite Bergbarriere des Blauen überwunden haben, lockt das mittelalterliche Laufen mit seinen Cafés und dem kleinen Wasserfall, der dem Städtchen den Namen gegeben hat.

Die Route digital für unterwegs.

**Schwierigkeit**
T1, direkter Abstieg vom Mätzerlechrüz T2

**Strecke**
14 km

**Höhendifferenz**
600 m Aufstieg, 630 m Abstieg

**Wanderzeit**
4 Std.

**Ausgangspunkt**
Station Leymen (F) (Tram)

**Endpunkt**
Laufen (Bahn)

**Route**
Vom Bahnhof Leymen (F) (381 m) etwa 100 Meter der Strasse entlang zum östlichen Dorfausgang. Dort nach rechts hinauf zum Wald. Dort schräg nach links aufsteigen und in zwei Kehren zur Ruine Landskron (533 m).

Auf der Südseite des Landskronbergs auf einem Asphaltweg hinunter zum Weiler Tannenwald (F). Entweder der Landesgrenze entlang südwestwärts aufsteigen, weiter oben mit einer Spitzkehre zur Schweizer Grenze zurück und zum Kloster Mariastein (513 m) absteigen oder auf direktem Weg zur St.-Anna-Kapelle hinüber und zum Kloster wandern.

Weiter zur Jugendherberge Rotberg, die in der gleichnamigen Burg beheimatet ist; dann auf dem Wanderweg durch den steilen Wald zum Mätzerlechrüz (787 m) hinauf. Der direkte (gelb markierte) Abstieg zum Bergmattenhof ist bei Nässe nicht zu empfehlen. In diesem Fall links abwärts Richtung Blauen Dorf bis zur Hochspannungsleitung; dort rechts abwärts über eine

Vor dem Kloster Mariastein.

Treppe; unten nach rechts und flach hinüber zum Bergmattenhof (eine Viertelstunde länger als der Direktabstieg).

Es folgt eine kurze Gegensteigung zum Burgchopf, dann geht es gemächlich bergab auf dem sogenannten Jubiläumsweg durch einen prächtigen Buchen-Föhren-Wald ins Schachlete-Tälchen. Am Stadtrand von Laufen, kurz nach dem Wegweiser Schachlete, den Pfeilen Richtung Bahnstation folgen, am Spital vorbei hinunter zur malerischen Altstadt, diese durchqueren und zum Bahnhof Laufen (356 m).

### Variante
Vom Mätzerlechrüz statt nach Laufen über den bewaldeten Grat des Blauen (Blaueberg) nach Pfeffingen/Aesch (BL). Wanderzeit: 2 ½ Std. Die Route folgt dem «Jubiläumsweg», den die beiden Basel 2001 anlässlich ihrer 500-jährigen Zugehörigkeit zur Eidgenossenschaft ausgeschildert haben.

### Verpflegung
– Mariastein: Restaurant Post (Mo geschlossen), www.post-mariastein.ch; Restaurant Lindenhof (Mi/Do geschlossen), www.restaurant-lindenhof.ch
– Restaurant Bergmattenhof (Di/Mi geschlossen), www.bergmattenhof.ch
– Laufen: Zahlreiche Restaurants und Einkaufsläden

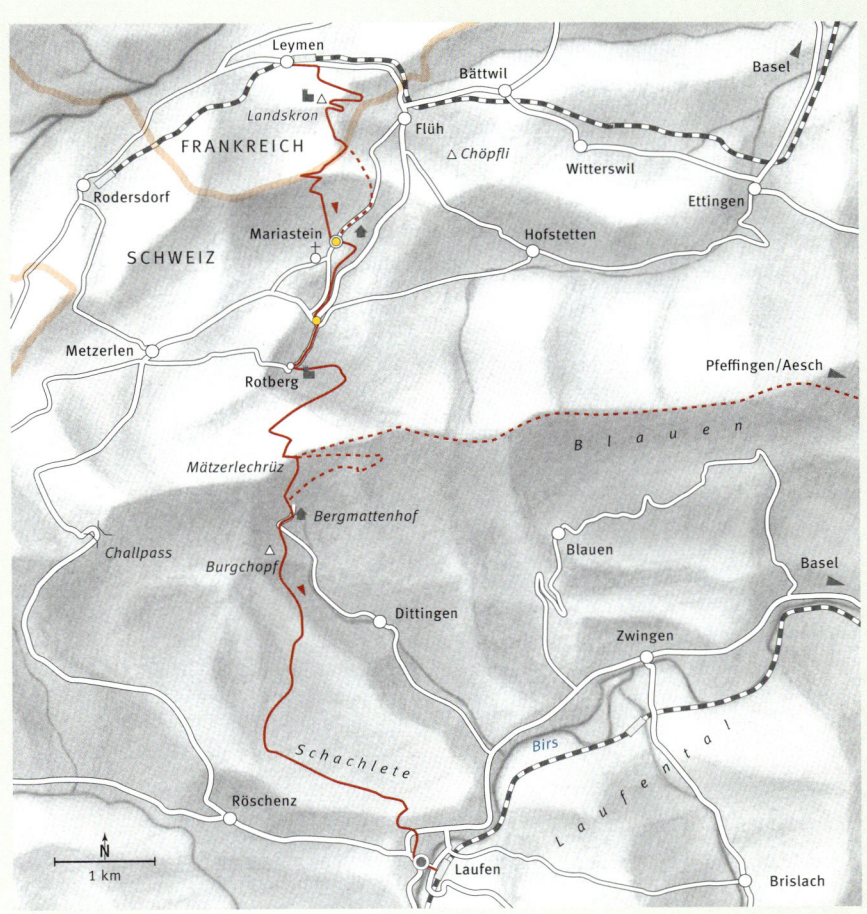

Nebelschwaden liegen über dem Laufental. Blick vom Fringeligrat auf Bärschwil.

Von Delémont nach Bärschwil

# Auf dem Röstigrat

**11**

Eine lange Gratwanderung zwischen «Deutsch» und «Welsch» mit verschiedenen Abstiegsmöglichkeiten. Spätestens beim Welschgätterli muss man sich für eine der beiden Seiten entscheiden.

Dass die Grenze zwischen Deutsch und Welsch ein Graben sei, wird auf unserer Wanderung von Delsberg nach Bärschwil klar widerlegt. Tatsächlich verläuft der sogenannte Röstigraben auf einer markanten Krete, welche das deutschsprachige Schwarzbubenland im Norden vom französischsprachigen Val Terbi im Süden trennt.

Ausgangspunkt der Wanderung ist Delémont. Die Hauptstadt des Kantons Jura liegt zwar nur sechs Kilometer von der Sprachgrenze entfernt, doch 84 Prozent der Stadtbevölkerung sprechen Französisch und nur 3 Prozent Deutsch (Stand 2000). Sogar Italienisch ist mit 4 Prozent noch stärker vertreten als Deutsch. Das war nicht immer so: Im Jahr 1880 sprachen fast 40 Prozent der damals 2800 Bewohnerinnen und Bewohner Deutsch, was Delémont-Delsberg zu einer zweisprachigen Gemeinde machte. Grund dafür war die Industrialisierung im 19. Jahrhundert, welche eine starke Zuwanderung aus der Deutschschweiz auslöste. Im 20. Jahrhundert nahmen sowohl der relative Anteil als auch die absolute Zahl Deutschsprachiger kontinuierlich ab, während die gesamte Stadtbevölkerung ebenso kontinuierlich zunahm. 1970 erreichte sie mit 11 800 Personen einen vorläufigen Höhepunkt. Bis 2010 stagnierte die Bevölkerungszahl, obwohl Delémont seit 1979 Hauptstadt des jüngsten Schweizer Kantons ist. Erst danach nahm die Zahl der Stadtbewohnerinnen und -bewohner wieder zu.

Die Gründung des Kantons Jura verlief bekanntlich unter erheblichen Spannungen, aber glücklicherweise ohne grösseres Blutvergiessen. Nachdem am Wiener Kongress (1814/15) dem Kanton Bern gegen dessen Willen das Fürstbistum Basel als billige Kompensation für die verlorene Waadt und den Aargau zugeteilt worden war, begannen die Jurassier schon bald gegen die Berner Obrigkeit zu rebellieren. Am vehementesten lehnten sich die Bewohnerinnen und Bewohner des nördlichen Juras gegen die «bernische Bevormundung» auf, denn sie fühlten sich als französischsprachige und römisch-katholische Minderheit doppelt diskriminiert durch das deutschsprachige, reformierte Bern. Es war denn auch wenig erstaunlich, dass bei den Volksabstimmungen in den 1970er-Jahren nur der katholische Nordjura für einen eigenen Kanton votierte, während der mehrheitlich reformierte und nach Biel orientierte Südjura beim Kanton Bern bleiben wollte.

Auf unserer «Röstigrat-Tour» von Pierreberg — ein typischer Sprachzwitter — via Retemberg (deutsch: Rechtenberg) zum Ober Fringeli sehen wir abwechslungsweise die weiten Felder des Delsberger Beckens auf der rechten und die bewaldete Hügelkuppenlandschaft des Schwarzbubenlandes auf der linken Seite. Parallel zum Grat verläuft auf der Nordseite eine Geländeterrasse (siehe Routenvariante), wo die Einzelhöfe so lieblich klingende Namen wie Misteli, Vögeli und Fringeli tragen und wo ein geologischer Lehrpfad Auskunft über das Alter der Gesteine und die Entstehung des Faltenjuras gibt.

Eine bequeme Routenvariante verläuft auf einer Geländeterrasse unterhalb des Fringeli-Grats.

Die Route digital für unterwegs.

**Schwierigkeit**
T1–T2

**Strecke**
16 km

**Höhendifferenz**
920 m Aufstieg, 870 m Abstieg

**Wanderzeit**
5 ¼ Std.

**Ausgangspunkt**
Delémont (Bahn)

**Endpunkt**
Bärschwil, Dorf (Bus)

**Route**
Vom Bahnhof Delémont in die Avenue de la Gare, nach 250 m rechts in die Promenade des Deux Rivières abzweigen, erst dem Flüsschen Sorne, dann der Route de Bâle entlang bis zur Jugendherberge. Dort nach rechts über den Bahnübergang und den Birssteg (409 m). Im Wald nach links, Richtung Roc de Courroux, und gemächlich aufwärts bis zum Grat. Hier der Krete entlang zum Roc de Courroux (845 m) hinauf und weiter, nun abwärts, Richtung Pierreberg. Kurz nach dem Pässchen (P. 786) zweigt die Variante ab, die auf einer Geländeterrasse nördlich des Fringeligrats zum Ober Fringeli führt.

Die Normalroute führt zur Krete hinauf, dann auf schmalen Pfaden über den bewaldeten Felsgrat, am rechts unten liegenden Naturfreundehaus Retemberg vorbei bis zum höchsten Punkt des Rechtenbergs (946 m), dann in einem Auf und Ab zur ehemaligen Bergwirtschaft Ober Fringeli (826 m). Wenige 100 Meter weiter geht es scharf nach links und steil hinunter nach Bärschwil (465 m).

**Varianten**
– Von Pierreberg auf einer Geländeterrasse via Wasserberg, Misteli und Vögeli zum Ober Fringeli; etwa gleich lang, T1. Die Route liegt am Lehrpfad «Geologische Wanderung Bärschwil».
– Vom Ober Fringeli statt nach Bärschwil nach Grindel (576 m) hinunter; etwa gleich lang.
– Vom Ober Fringeli weiter ostwärts über den Stierenberggrat und den Hoggengrat bis zum Welschgätterli (810 m). Von hier entweder nach Montsevelier (Postauto nach Delémont) oder nach Erschwil (Postauto nach Zwingen, Bahnhof); Wanderzeit total: 6 Std.

**Verpflegung**
– Delémont: Zahlreiche Restaurants und Einkaufsläden
– Bergwirtschaft Pierreberg (Mo–Mi geschlossen), www.ferme-restaurant-pierreberg.ch
– Naturfreundehaus Chalet de Retemberg (nur an Wochenenden bewartet), www.retemberg.ch

Von Meltingen nach Grellingen

# Chaltbrunnental

**12**

Was gibt es Angenehmeres, als an einem heissen Sommertag im kühlen Wald einem munter sprudelnden Bach entlangzuwandern und sich im kalten Wasser zu erfrischen?

Das wild-romantische Chaltbrunnental ist ein beliebtes Ausflugsziel für Jung und Alt. Ob Familien mit Kindern, Schulklassen oder Seniorengruppen, alle finden in diesem naturnahen Waldtal eine erholsame Umgebung zum Alltag. Gerade für Stadtkinder sei diese Waldoase ein kleines Paradies, wo sie sich gefahrlos austoben könnten, meinte ein Oberstufenlehrer aus Basel, der mit seiner Schulklasse hier einen Naturtag verbrachte.

Bereits vor Jahrtausenden schätzten die Menschen das stille Tal des Ibach — allerdings weniger wegen der Erholung als wegen des Schutzes, den sie in den grossen Felshöhlen des Waldtals genossen. So fand man in der Kastelhöhle Steinwerkzeuge, deren Alter auf 40 000 bis 50 000 Jahre geschätzt wird. Die Höhlen dienten jedoch nicht als permanente Wohnsitze, sondern als kurzzeitige Unterstände für Jäger und Sammler, die dem wandernden Wild nachzogen. Damals, mitten in der Würm-Eiszeit, waren grosse Gebiete der Nordwestschweiz eisfrei und mit einer Tundrenvegetation bedeckt. Andere Fundgegenstände der Kastelhöhle stammen von der zu Ende gehenden Eiszeit vor rund 12 000 Jahren und sollen den frühesten Nachweis des Homo sapiens in der Schweiz belegen.

Wirklich besiedelt wurde das enge Chaltbrunnental nie. Es beherbergte aber im Ersten Weltkrieg eine grosse Anzahl Grenzsoldaten, welche die strategisch wichtigen Eisenbahnbrücken über die Birs beim Chessiloch bewachten. Als Erinnerung an die Nachwelt — oder vielleicht auch einfach zum Zeitvertreib — verewigten sich die 1914–1918 Wache haltenden Truppen mit farbigen Wappen ihrer Kantonseinheit an der Felswand des

‹
Wandern im kühlen Chaltbrunnental.

›
Der Ibach sprudelt durch das dunkle Chaltbrunnental.

Chessilochs. Daneben wurden auch Skulpturen der obersten Armeeführer und Malereien aus der Schweizer Mythologie geschaffen. Der mittlerweile berühmte Wappenfels gilt als einmaliges militärhistorisches Denkmal.

Unsere eher kurze Wanderung endet in Grellingen, im ehemals bernischen Laufental. Wer noch Zeit und Lust auf eine weitere Schlucht hat, schwenkt einen Kilometer vor dem Bahnhof Grellingen nach rechts ins Chastelbachtal ein. Dieses enge Waldtal ist noch wilder und urtümlicher als das Chaltbrunnental. Vor einiger Zeit musste der Wanderweg wegen Erdrutschen und Felsstürzen gar gesperrt werden. Mithilfe von Freiwilligen einer grossen Schweizer Bank und mit Maschineneinsatz ist der verschüttete Weg wieder ausgeräumt und instand gestellt worden. Am oberen Ende der Schlucht kann man in Waldeck (Himmelried) auch einfach das Postauto zum Bahnhof Grellingen hinunter benutzen.

Die Route digital für unterwegs.

**Schwierigkeit**
T1

**Strecke**
8 km

**Höhendifferenz**
100 m Aufstieg, 360 m Abstieg

**Wanderzeit**
2 ¼ Std.

**Ausgangspunkt**
Meltingen, Meltingerbrücke (Bus)

**Endpunkt**
Grellingen (Bahn)

Oben: Im Ersten Weltkrieg verewigten die Wache haltenden Truppen ihre Kantonseinheiten mit Wappen an der Felswand des Chessilochs.
Unten: Rast einer Schulklasse im Chaltbrunnental.

## Route
Bei der Postautohaltestelle Meltingerbrücke (579 m) auf dem Strässchen talabwärts Richtung Grellingen; nach 300 Metern nach links den Wanderwegzeichen folgend zur ARA Mülimatt und rechts an dieser vorbei zum Waldrand. Weiter auf dem Wanderweg das Chaltbrunnental hinunter, mal links, mal rechts des Bachs bis zum Chessiloch an der Birs. Hier nach rechts dem Bahngleis entlang nach Grellingen (325 m).

## Varianten
Die Wanderung in Nunningen (Bushaltestelle Oberkirch, 643 m) beginnen und in einer Schlaufe via Burgruine Gilgenberg (710 m) und Zullwil nach Meltingen und zur Meltingerbücke; zusätzliche Wanderzeit: eine gute Stunde.
– Im Chaltbrunnental (P. 399) nach rechts auf die Verbindungsstrasse Brislach–Himmelried abzweigen und in 20 Min. zum Weiler Steffen (544 m) aufsteigen. Dort auf einem Wanderweg vorerst der Autostrasse entlang, dann durch das wilde Chastelbachtal nach Grellingen hinunter. Wanderzeit: ca. 20 Min. mehr als Normalroute.

## Verpflegung
Grellingen: Bistro Bahnhofkiosk, Telefon 061 525 14 77; Pizzeria Grello (Di geschlossen), www.pizzeria-restaurant-grello-grellingen.ch

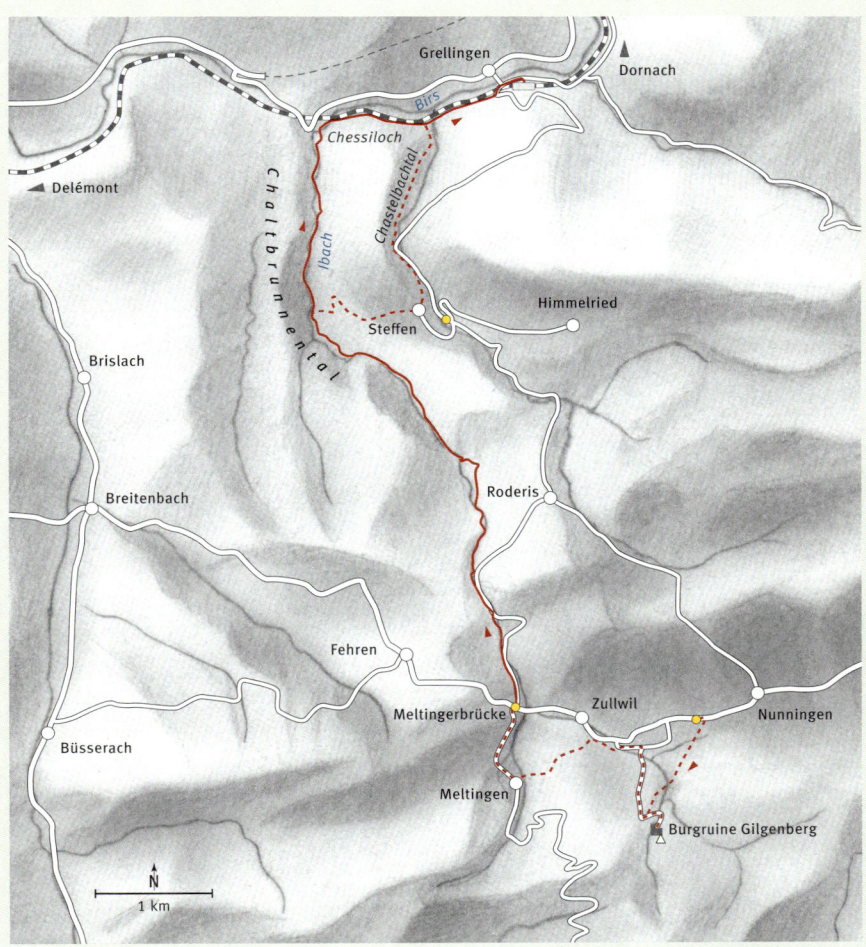

Blick von der Rötiflue zum Balmberg und den beiden vordersten Juraketten. Im Hintergrund ist die Dampffahne des Kernkraftwerks Gösgen zu erkennen.

# Solothurner Jura

Von Neuhüsli nach Büsserach

# 13 Im Schwarzbubenland

Das Schwarzbubenland in seiner ganzen landschaftlichen Vielfalt erleben – das ermöglicht diese abwechslungsreiche Höhenwanderung über sanfte Hügel und schroffe Grate.

Im solothurnischen Schwarzbubenland sind die Berge niedlich und ihre Namen auch: Güpfi, Hirnichopf und Hochstelleli heissen die Erhebungen, Birtis, Heueli und Güggelhof die verstreuten Bauerngüter dazwischen. Es ist eine liebliche und ungemein reich strukturierte Gegend — eine Landschaft der Vielfalt und der Abwechslung. Zu diesem reizvollen Landschaftsbild trägt neben der Topografie auch die Landwirtschaft mit ihrem traditionellen Obstbau bei, auch wenn heute nicht mehr so viele Kirschbäume in den Wiesen und Matten stehen wie noch vor sechzig Jahren.

Woher das Schwarzbubenland seinen Namen bekommen hat, ist nicht genau bekannt. Eine Version geht auf das frühe 19. Jahrhundert zurück, als die männliche Bevölkerung «hinter dem Berg» dunkle Kleider trug, um sich von den Solothurnern «vor dem Berg» abzugrenzen, deren Nationaltracht «ein rotes Leibchen und kurze Hosen aus weissem Zwillich» waren, wie der lokale Schriftsteller Peter Strohmeier 1836 schrieb. Eine andere Version besagt, dass in jener Zeit unzufriedene Burschen aus den Bezirken Thierstein und Dorneck in dunklen Zwilchkleidern und mit geschwärzten Gesichtern in die Hauptstadt zogen, um sich bei der Solothurner Obrigkeit Gehör und Recht zu verschaffen. Die Tarnung war notwendig, um bei den Behörden unerkannt zu bleiben, aber auch um bei der Plünderung von Feldern und Obstbäumen auf dem Weg in die Stadt nicht erwischt zu werden. Das Bild der Kirschen stibitzenden «schwarzen» Burschen hat sich bis heute erhalten und dient dem einheimischen Gewerbe seit einiger Zeit als identitätstiftendes Logo.

Die vorgeschlagene Route durch das Schwarzbubenland ist eine eigentliche Berg-und-Tal-Wanderung mit ständigen Richtungsänderungen und damit einem fortwährenden Wechsel der Landschaftsszenerie. Kaum blickt man von einem schroffen Felsgrat auf eine kaum besiedelte Hügellandschaft, findet man sich in einem idyllischen Tälchen unter weidenden

‹
Aussicht vom Zinglenberggrat Richtung Neuhüsli.

›
Die ehemalige Glashütte beim Neuhüsli.

Kühen, wandelt durch einen lauschigen Buchenwald oder sitzt auf einem Felskopf mit grandioser Aussicht auf die Dörfer und Felder des Laufentals. Zur Krönung am Ende erwartet uns ein spannender Abstieg über den Felsgrat des Lingenbergs und schliesslich das trutzige Schloss Thierstein, das von 1522 bis 1798 Sitz der solothurnischen Vogtei Thierstein war. Im 19. Jahrhundert kam die mittlerweile etwas ramponierte Burg in Privatbesitz. Später wurde sie von der Sektion Basel des SAC übernommen. 1997 brach ein Teil des Turms ein und verschüttete die Passwangstrasse. Danach wurde die Burgruine an die Gemeinde Büsserach verkauft und mithilfe des Kantons und der Eidgenossenschaft mit viel Beton wieder aufgebaut.

Die Route digital für unterwegs.

**Schwierigkeit**
T1, Zinglenberg und Lingenberg T2

**Strecke**
16 km

**Höhendifferenz**
750 m Aufstieg, 980 m Abstieg

**Wanderzeit**
5¼ Std.

**Ausgangspunkt**
Beinwil SO, Neuhüsli (Bus)

**Endpunkt**
Büsserach, Alte Mühle (Bus)

### Route

Die Route weist mehrere markante Richtungsänderungen auf, verläuft aber fast durchgehend auf gelb markierten Wanderwegen.

Vom Neuhüsli (649 m) auf dem oberen Strässchen Richtung Nunningen wandern. Vor der grossen Linkskurve bei Hinter Birtis (733 m) nach links auf den Wanderweg; nach 400 Meter scharf nach rechts steil hinauf über eine Weide und durch den Wald wieder auf die Strasse nach Nunningen. Kurz vor dem Nunningenberg bei P. 873 nach links in den Wald hinein und einem überwachsenen Fussweg folgen. Bei der leicht zu übersehenden Verzweigung nach links Richtung Hirnichopf

Ein schmaler Pfad führt dem Lingenberggrat entlang.

(gelber Wegweiser) gehen und über den auf der Ostseite steil abfallenden Grat des Zinglenbergs zum Hirnichopf (1026 m) hinaufsteigen.

Für den Abstieg auf der Westseite des Hirnichopfs auf einem unmarkierten Weglein nordwestwärts gehen, bis zum wieder gelb markierten Wanderweg. Nun westlich um den Dürrberg herum immer den Wegweisern Richtung Meltingerberg folgen.

Von der Bergwirtschaft Meltingerberg (828 m) westwärts Richtung Büsserach, zuerst dem Waldrand entlang, dann durch den Wald auf der Krete der Horüti (912 m) leicht aufwärts und über Wiesen hinab zum Chäsel. Vor dem Winkelberg nach rechts zum Güggelhof (712 m) hinunter. Weiter Richtung Büsserach, um den Mettenberg herum, auf unscheinbaren Waldpfaden den gelben Wegzeichen folgend westwärts zum Lingenberg (745 m) und über dessen spannenden Grat zur Burgruine Neu Thierstein (477 m). Von dort nordwärts hinunter nach Büsserach (420 m).

### Varianten
– Die Wanderung in Nunningen (621 m) beginnen. Südwärts über Wiesen und durch einen Wald direkt hinauf zur St. Wendelinskapelle (Chäppeli, 900 m) auf dem Riedberg. Auf einem Teersträsschen zum Nunningerberg hinüber und zur Normalroute über den Zinglengrat. Diese Variante ist kürzer, aber steiler und im Waldaufstieg ziemlich ruppig, dafür weniger Hartbelag; gleicher Zeitaufwand.
– Statt über den Zinglengrat auf ebenfalls gelb markiertem Weg dem Westhang entlang durch den Wald; kürzer, aber langweiliger.
– Vom Meltingerberg zur Burgruine Gilgenberg (710 m) und weiter via Zullwil und Meltingen (587 m) zum Mettenberg hinauf, wo man bei P. 739 wieder auf die Normalroute trifft. Diese Variante ist ein bisschen länger und hat mehr Höhendifferenz, dafür eine weitere Burgruine am Weg.

### Verpflegung
– Restaurant Neuhüsli (unregelmässige Öffnungszeiten), Telefon 061 791 01 06
– Bergwirtschaft Meltingerberg (Mo/Di geschlossen), www.meltinger-berg.ch
– Büsserach: Restaurant Traube (Mo geschlossen), www.traube-buesserach.ch

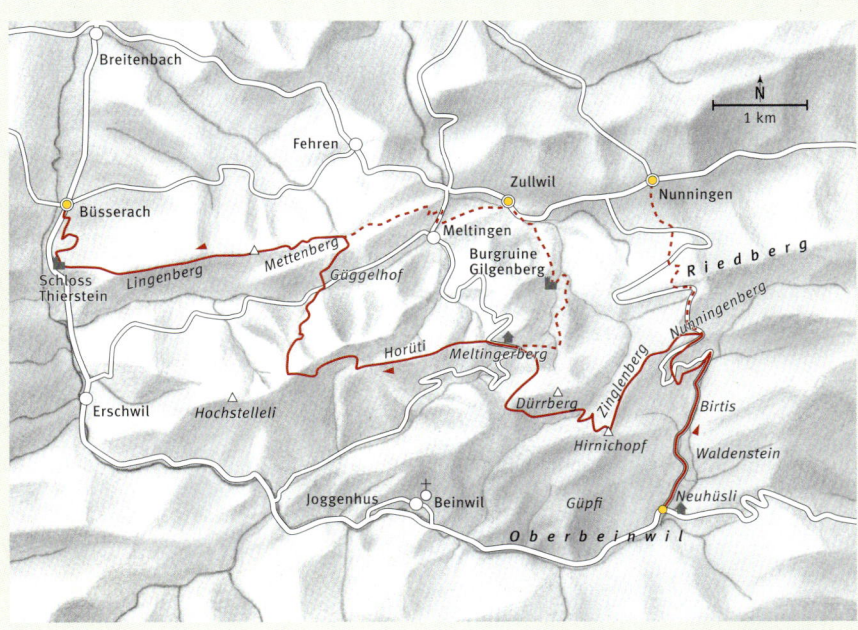

Von Reigoldswil auf den Passwang und zurück

# 14 Eine Rundtour auf dem Passwang

Der Passwang ist eigentlich ein Doppelpass: Nicht nur eine gut ausgebaute Passstrasse ins Schwarzbubenland führt darüber, sondern auch ein alter Schmugglerpass nach Reigoldswil. Diese Wanderung verbindet die beiden Passhöhen in einer attraktiven Rundtour.

Der Passwang ist nicht nur ein bekanntes Ausflugsziel, sondern auch ein prächtiges Wandergebiet mit unzähligen Routen und Varianten. Dementsprechend schwierig war die Entscheidung für die hier ausgewählte Tour, denn es gäbe noch ein halbes Dutzend andere überzeugende Routenvorschläge. Die vorgeschlagene Wanderung ist ein guter Kompromiss, denn sie bietet einen eigentlichen Passwang-Querschnitt mit Bergweiden, Buchenwäldern, Felsgraten, Steilwänden, Wasserfällen, Alpenpanoramen und einer Gondelbahn und sowie auch zahlreichen Bergwirtschaften, die für das leibliche Wohl sorgen, es sei denn, man ist an einem Montag unterwegs.

Zwar hat der Passwang nichts mit dem Wort «Pass» zu tun, sondern mit der alten Bezeichnung Barschwang (Rodung auf der Anhöhe) — so die Deutung der Namensforscher. Trotzdem ist der Passwang ein Pass. Jahrhundertelang wurde er von Händlern, Marktgängerinnen und Viehtreibern benutzt, doch eine grössere Bedeutung hatte er nie erlangt. Zu steil sind die beiden Bergflanken und zu nahe war die Konkurrenz des gut ausgebauten Oberen Hauensteins. Den einzigen Vorteil des Wasserfallen-Übergangs war, dass man dank ihm den Warenzoll bei Langenbruck umgehen konnte. Im 19. Jahrhundert wäre der Passwang allerdings beinahe aus seinem Dornröschenschlaf geweckt worden, denn die Centralbahn plante in den 1870er-Jahren einen Tunnel durch den Wasserfallen-Berg. Doch der Bahngesellschaft ging das Geld aus. Die Linie Liestal—Oensingen blieb Illusion. Heute ist vom Projekt einer direkten Bahnlinie Basel—Bern nur noch der (gesperrte) Tunneleingang südlich der Gondelbahnstation zu sehen. Auch wenn Reigoldswil heute keinen Bahnanschluss hat, so besitzt es doch eine der wenigen Luftseilbahnen des Juras.

Verführerisch ist sie tatsächlich, die Gondelbahn auf die Wasserfallen, doch auch das Schelmenloch und die zahlreichen Wasserfälle locken, und

◁
Ein rauschender Bach fliesst von Wasserfallen nach Reigoldswil hinunter.

▷
Felskopfvegetation auf dem Passwanggipfel.

diese Attraktionen sind nur auf dem Jägerweg zu sehen. Zwischendurch gibt es auch noch ein paar (gut gesicherte) Felspassagen zu durchschreiten und schon bald hat man den Aufstieg geschafft. Eine weitere Attraktion ist der Passwanggrat, von wo man eine fantastische Rundsicht auf die Hügel, Kuppen, Mulden und Täler des Kettenjuras geniesst und bei klarem Wetter den fernen Alpenkranz bewundern kann. Spannend ist aber auch der Felsenweg unterhalb der Südwand des Passwanggrats, der auf dem Rückweg der Rundwanderung begangen wird. Informationstafeln der «2. Solothurner Waldwanderung» weisen hier auf seltene Pflanzen wie Salomonssiegel, Graslilie oder die Rundblättrige Glockenblume hin, die in trockenen Felsnischen gedeihen.

Die Route digital für unterwegs.

**Schwierigkeit**
T1–T2

**Strecke**
14 km

**Höhendifferenz**
960 m Aufstieg, 550 m Abstieg

**Wanderzeit**
4¾ Std.

**Ausgangs- und Endpunkt**
Reigoldswil, Dorfplatz (Bus)

**Route**
Von Reigoldswil (509 m) talaufwärts am Bad und am Chilchli (Gondelbahn) vorbei zur Vogelmatt und weiter auf dem Jägerweg zum Schelmenloch und zur Bergstation Wasserfallen (925 m). Dann zur

Hintere Wasserfallen (Restaurant), über eine Weide zum Passwanggrat hinauf und auf dem Grat zum Vogelberg (1203 m).

Vom Aussichtsgipfel Vogelberg an einem Sendemast vorbei weiter auf dem Passwangkamm hinunter bis P. 991. Hier scharf nach links zur Passwanghöhe (982 m) hinüber. Nun entweder zum Restaurant Alpenblick hinunter (Variante) oder auf einem Strässchen zur Wirtschaft Ober Passwang (1091 m) hinauf. Dort nach rechts auf einem Wiesenweg zum Berggasthaus Obere Wechten (1018 m). Dann auf gut gesichertem Felsweg zum Passwanggrat zurück und zur Bergstation der Wasserfallen-Gondelbahn (925 m).

**Varianten**
– Von Reigoldswil mit der Gondelbahn nach Wasserfallen, verkürzt die Wanderung um 1½ Std.
– Die Rundwanderung abkürzen, indem man vom Passwanggrat (Sendemast 1165 m) direkt

Unterhalb des Grats führt ein Felsweg nach Wasserfallen zurück.

zur Wirtschaft Ober Passwang absteigt und via Berggasthaus Obere Wechten (Naturfreundehaus) nach Wasserfallen zurückkehrt; verkürzt die Wanderung um eine gute Stunde.
– Die Wanderung auf dem Passwang (Bushaltestelle) oder beim Restaurant Alpenblick (Bushaltestelle) beginnen. Wanderzeit Passwang-Wasserfallen-Rundwanderung: 3 Std.
– Statt der Talfahrt mit der Gondelbahn vom Berggasthaus Hintere Wasserfallen in 1¼ Std. via Bürten/Ängiberg nach Reigoldswil hinunterwandern.

### Verpflegung
– Reigoldswil: Restaurant-Pizzeria Rebstock (Mo geschlossen), www.restaurant-pizzeria-rebstock.ch; Restaurant Ryfenstein, restaurant-ryfenstein.jimdofree.com; Gasthaus zur Sonne (Mo–Mi geschlossen), www.sonnereigoldswil.ch
– Wasserfallen: Heidi-Stübli (Di geschlossen), www.region-wasserfallen.ch/gastronomie/restaurant-heidi-stuebli; Berggasthaus Hintere Wasserfallen (Mo geschlossen), www.hinterewasserfallen.ch
– Passwang: Bergwirtschaft Ober Passwang (Mi geschlossen), www.oberpasswang.ch; Bergwirtschaft Obere Wechten, (Mo/Di/Do geschlossen), www.oberewechten.ch
– Variante: Restaurant Alpenblick Passwang (Mo/Di geschlossen), www.alpenblick-passwang.ch
– Abseits der Route: Bergrestaurant Vogelberg (Mo geschlossen), www.bergrestaurant-vogelberg.ch

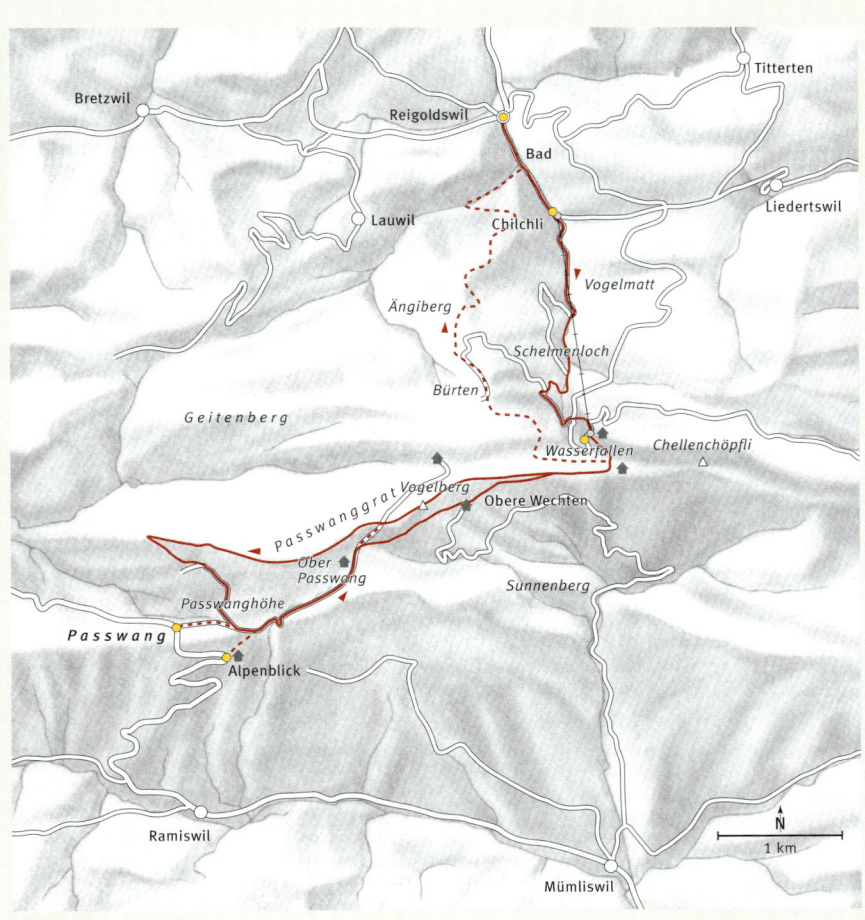

Von Hägendorf nach Waldenburg

# Teufelsschlucht und Belchenflue

Von der kühlen Schlucht auf den Gipfel und über einen langen Grat zur alten Burgruine – dies und noch viel mehr kann man auf der Tour von der Teufelsschlucht ins Waldenburgertal erleben.

Für die ältere Generation ist die Belchenfestung noch ein Begriff. Die Jüngeren schätzen den Berg als familiäres Ausflugsziel und die Jüngsten tummeln sich am liebsten in den alten Schützengräben. Schon auf der Challhöchi fällt die breite Panzersperre auf, die sich vom Ifleter Berg herunterzieht. Auf dem Höhenweg zur Belchenflue kommen weitere militärische Zeugen hinzu: das General-Wille-Haus auf der linken und die in den

Fels gemeisselten Wappen der Grenzbesetzungsregimenter von 1914 bis 1918 auf der rechten Seite des Weges. Und auch die Strasse selber ist ein Werk der Soldaten aus der Zeit des Ersten Weltkriegs.

Der Spätherbst ist wohl die schönste Jahreszeit für eine Höhenwanderung am Belchen. Wenn in den Alpen bereits der erste Schnee liegt und in den Tälern der Nebel wabert, herrscht auf den Jurahöhen Hochsaison. Noch einmal möchte man vor dem drohenden Wintereinbruch die Novembersonne geniessen, sich an einem trockenen Wiesenbord niederlassen und die Alpengipfel am fernen Horizont aufzählen. Dies ist auf der Belchenflue gar nicht so einfach, denn die Aussicht reicht vom Säntis bis zum Mont Blanc und schliesst unzählige Gipfel der Ost- und Zentralschweiz sowie des Berner Oberlands ein. Auch die Hügel des Jurabogens im Westen und Osten sind kaum alle zu benennen, und schliesslich gilt es noch, die beiden Namensvettern im Schwarzwald und in den Vogesen zu identifizieren.

Die Fortsetzung des Höhenweges zum Chilchzimmersattel und weiter zur Lauchflue birgt neue Überraschungen: Immer wieder tauchen im

‹
Aussicht von der Belchenflue nach Osten.

›
Abendstimmung am Chilchzimmerpass.

Wald kleine Betonbunker und tiefe Schützengräben auf. Nicht weniger als vierzig Kilometer lang soll die ursprüngliche Anlage der zickzackförmigen «Karpatengräben» gewesen sein, die nach dem österreichischen Schutzwallsystem in den Westkarpaten benannt worden ist. Heute sind die Schützengräben ein kleines Paradies für Kinder — aber nicht ganz ungefährlich, denn sie sind über zwei Meter tief und recht unauffällig im Wald angelegt. Eine weitere Attraktion sind die mit Stahlkappen gepanzerten militärischen Beobachtungsposten. Besonders eindrücklich ist der (begehbare) Posten auf der Lauchflue, wo man bequem und perfekt getarnt das untere Baselbiet bis zum Schwarzwald überblicken kann.

Zum Schluss gibt es noch eine Festung aus dem Mittelalter zu bewundern und zu besteigen: die Ruine Waldenburg. Das ehemalige Schloss wurde um 1200 von den Frohburgern errichtet, um die Passstrasse des Oberen Hauensteins zu kontrollieren und dem etwas später erbauten Städtchen Waldenburg Schutz zu bieten. Noch im 13. Jahrhundert verkauften die Frohburger Grafen Burg und Stadt an den Basler Fürstbischof. Nach verschiedenen Lehensverträgen kam die Feste schliesslich im Jahr 1400 zur Stadt Basel, bei der sie bis 1798 blieb. In jenem Revolutionsjahr wurde die Burg — wie viele andere — angezündet und verwüstet. Seither ist sie eine attraktive Ruine.

Die Route digital für unterwegs.

**Schwierigkeit**
T1, Rehhag–Ruine Waldenburg T2

**Strecke**
15 km

**Höhendifferenz**
960 m Aufstieg, 850 m Abstieg

**Wanderzeit**
5¼ Std.

**Ausgangspunkt**
Hägendorf (Bahn)

**Endpunkt**
Waldenburg, Revue Thommen (Bus)

**Route**
Vom Bahnhof Hägendorf (428 m) durch das Dorf hinauf und den gelben Wanderwegzeichen Richtung Teufelsschlucht folgen oder mit dem Postauto bis zur Haltestelle Teufelsschlucht fahren und von dort auf gut ausgebautem Weg durch die romantische Schlucht hinaufwandern. Die Verbindungsstrasse Hägendorf–Bärenwil überqueren und weiter dem Tälchen entlang zum Allerheiligenberg (886 m) hinauf.

Hinter der ehemaligen Höhenklinik vorbei und beim Waldeingang den Weg Richtung Belchenflue einschlagen, über die Wuesthöchi (967 m) und Gwidemhöchi (998 m) zur Belchenflue (1099 m) hinauf.

Vom Gipfel auf dem gleichen Weg zurück zur Wegverzweigung und durch den Wald zum Chilchzimmersattel (991 m), dann in nordwestlicher

Die mächtige Ruine von Schloss Waldenburg ist begehbar.

Richtung auf Wald- und Wiesenpfaden in ständigem Auf und Ab zur Lauchflue (1042 m). Nun westwärts auf einem langen Grat über Rehhag (1018 m) und Gerstelflue zur Burgruine Waldenburg (683 m) und auf einem Zickzackweg hinunter ins Städtchen Waldenburg (534 m).

### Varianten
— Start bei der Kirche Ifenthal (Bushaltestelle, 715 m). Aufstieg zur Challhöchi (848 m) und auf einem breiten Höhenweg zur Belchenflue; kürzer, weniger Höhendifferenz, aber ohne Teufelsschlucht.
— Start in Langenbruck (700 m). Aufstieg durch das Dürsteltal zur Gwidemhöchi und auf der Normalroute zur Belchenflue; kürzer, aber ohne Teufelsschlucht.

### Verpflegung
— Hägendorf: Mehrere Restaurants, Cafés und Bäckereien
— Allerheiligenberg: Bärgwirtschaft (Mo–Mi geschlossen), Telefon 062 216 11 42
— Waldenburg: Restaurant Leue Waldenburg (Di/Mi geschlossen), www.leuewaldenburg.ch; Gasthof Schlüssel (Mo geschlossen), www.gasthof-zumschluessel.ch; Restaurant zur Post (Sa geschlossen), Telefon 061 963 00 50

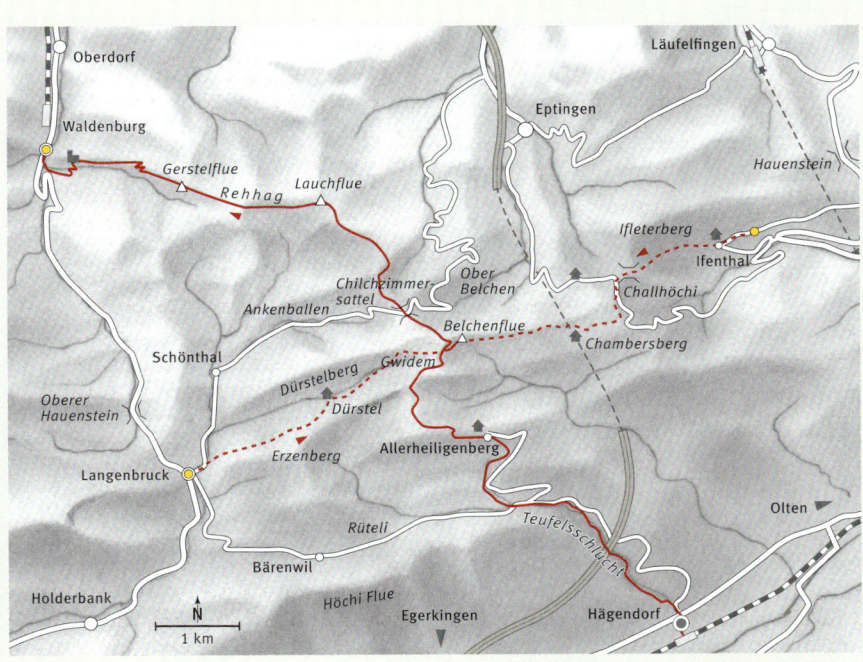

Von Klus nach Balsthal

# Burgen und Ruinen

**16**

Diese Wanderung führt ins Land der Burgen und Ruinen. Wir steigen von der Burg Alt Falkenstein auf die Roggenflue mit ihrer herrlichen Aussicht – und wandern an zwei weiteren Burgruinen vorbei nach Balsthal.

Nicht weniger als vier Burganlagen stehen rund um die Roggenflue, zwei intakte (Neu Bechburg und Alt Falkenstein) und zwei zerfallene (Alt Bechburg und Neu Falkenstein). «Alt» und «neu» sind in diesem Fall allerdings zu relativieren, denn alle Burganlagen haben schon mindestens 750 Jahre auf dem Buckel und wurden innerhalb von zwei Jahrhunderten erbaut. Auf unserer Wanderung kommen wir an drei der vier mittelalterlichen Festungen vorbei. Gleich zu Beginn, in der Balsthaler Klus, treffen wir auf die bullige Burg Alt Falkenstein, die heute ein Heimatmuseum beherbergt. Dann steigen wir über den steilen Chluser Roggen hinauf zum prächtigen Aussichtspunkt Roggenflue und wandern über die Tiefmatt zur Ruine Alt Bechburg oberhalb von Holderbank. Auf dem Rückweg treffen wir schliesslich auf die attraktive Ruine Neu Falkenstein oberhalb der Klus von St. Wolfgang. Beide Burgruinen sind frei zugänglich. Hier darf geklettert und geforscht, gespielt und gekämpft werden, kurz: ein Eldorado für kühne Raubritter und romantische Burgfräulein.

Apropos Raubritter: Einer der schlimmsten seiner Zeit war der Junker Henmann von Bechburg, der auf Neu Falkenstein hauste und seinen Lebensunterhalt hauptsächlich mit Raubüberfällen auf vorüberziehende Handelszüge bestritt. So überfiel er im Jahr 1374 mit befreundeten «Edelleuten» einen Warenkonvoi von deutschen Kaufleuten und erbeutete unter anderem acht Zentner Safran, was auch damals einen sagenhaften Wert darstellte. In der darauf folgenden Strafexpedition wurde Neu Falkenstein 14 Wochen lang mit hundert Schützen und einer Basler Wurfmaschine belagert, bis sich die Besatzung aus Mangel an Wasser und Lebensmitteln ergab. Wie damals üblich, kamen die Adeligen mit einer leichten Gefängnisstrafe davon, während die 16 Knechte sofort geköpft wurden. Ebenfalls der Zeit entsprechend wurden die geraubten Handelswaren nicht etwa den rechtmässigen Besitzern zurückgegeben, sondern unter

‹
Die Weissensteinkette, vom Roggenflue-Gipfel aus gesehen.

›
Die Ruine Alt Bechburg ist die geheimnisvollste der vier ehemaligen Burgen um Balsthal.

den Siegern verteilt. Dasselbe geschah mit dem Hausrat und dem Besitz der Bechburger. Von diesem Tiefschlag konnte sich der Raubritter nie mehr erholen. Gänzlich verarmt, verdingte er sich als Söldner bei den Habsburgern und wurde schliesslich von den Eidgenossen auf dem Schlachtfeld von Sempach 1386 erschlagen. Die Burg Neu Falkenstein gelangte 1402 an die Stadt Solothurn, die nun einen Vogt zur Beherrschung des Untertanenlandes einsetzte. Die Vogtei bestand bis zur Französischen Besetzung 1798, als aufständische Balsthaler den Vogt vertrieben und das Symbol der Unterdrückung anzündeten. Seither ist Neu Falkenstein eine Ruine.

Die Route digital für unterwegs.

**Schwierigkeit**
T1, Aufstieg Roggenflue T2

**Strecke**
17 km

**Höhendifferenz**
870 m Aufstieg, 860 m Abstieg

**Wanderzeit**
4 ½ Std.

**Ausgangspunkt**
Thalbrücke (Bahn)

**Endpunkt**
Balsthal (Bahn/Bus)

**Route**
Bei der Bahnhaltestelle Thalbrücke (484 m) die Strasse überqueren und 100 m südwärts Richtung Klus. Auf steilem Fussweg hinter der Burg Alt Falkenstein vorbei und über den westseitig ausgesetzten Roggenfluegrat bergauf zum Chluser Roggen (773 m). Beim Wegweiser «Balsthaler Roggen» entweder nach rechts via Bergrestaurant Oensinger Roggen oder direkt zur Roggenflue (995 m) hinauf.
Auf dem Jura-Höhenweg nordostwärts via Roggenschnarz zur Tiefmatt (810 m); von dort ostwärts weiter zur Schlosshöchi (856 m). Hier nach links hinunter zum Bauernhof und zur Burgruine Alt Bechburg (810 m) hinauf. Zum Hof zurück und auf einem Strässchen via den Weiler Bechburg nach Holderbank (651 m) hinunter. Vom Dorfzentrum an der Kirche vorbei zur Römerstrasse hinauf und auf diesem Strässchen dem Hang entlang südwestwärts bis zu einem Wäldchen (P. 637). Hier auf dem Wanderweg nach rechts Richtung Ruine Neu Falkenstein: durch den Wald, über die Wiesen von Hinter Schloss und wieder durch den Wald zur Ruine. Auf markiertem Fussweg nach St. Wolfgang hinunter und durch Wohnquartiere nach Balsthal.

**Varianten**
– Umgehung des westseitig ausgesetzten Roggenfluegratwegs, indem man vom Bahnhof Balsthal auf dem Jura-Höhenweg zum Balsthaler Roggen aufsteigt; etwas kürzer, aber unspektakulär.
– Von Holderbank (SO) mit dem Postauto nach Balsthal zurück. Damit erspart man sich anderthalb Stunden Weg, verpasst aber die attraktive Burgruine Neu Falkenstein.
– Von St. Wolfgang mit dem Postauto nach Balsthal.

Blühender Apfelbaum
an der Römerstrasse
bei Holderbank.

Verpflegung
– Klus: Restaurant Burg (Sa geschlossen), www.burgklus.ch
– Bergrestaurant Roggen (Mo/Di geschlossen), www.zumroggen.ch
– Holderbank: Gasthof zum Kreuz (Mo/Di geschlossen), www.kreuz-holderbank.ch; Einkaufsladen
– St. Wolfgang: Pintli Neu Falkenstein (Mo/Di geschlossen), Telefon 062 391 15 69
– Balsthal: Mehrere Restaurants und Einkaufsläden

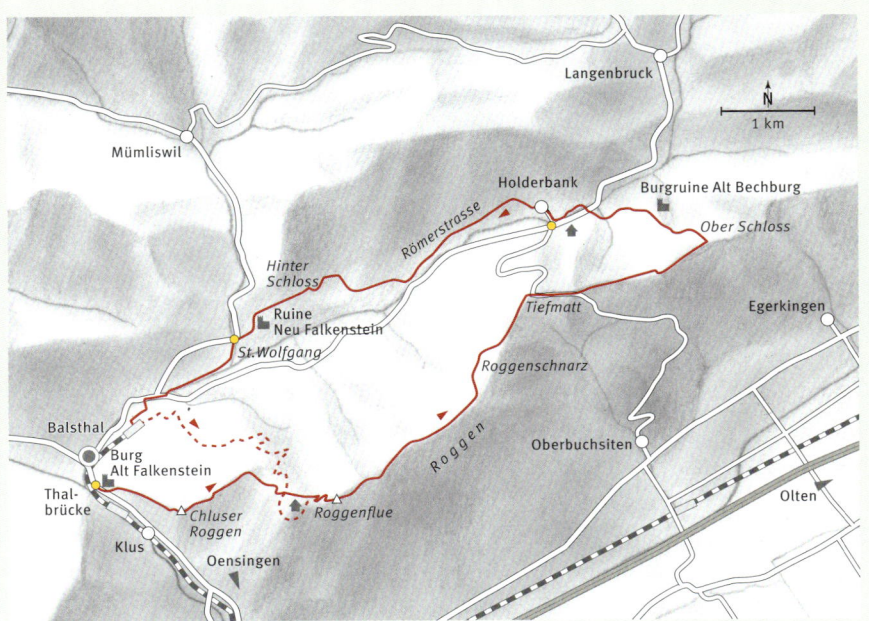

Von der Wolfsschlucht nach Balsthal

# Naturpark Thal

17

Nicht nur die vorderste, auch die zweite Kette des Solothurner Juras bietet schöne Wanderungen mit viel Aussicht bei mässigen Höhendifferenzen und mit einigen Bergwirtschaften.

Wenn sich auf dem Weissenstein die Solothurner und ihre Nachbarn gegenseitig auf die Füsse treten, weichen die Ortskundigen auf die zweite Bergkette aus. Auch wenn auf den Höhen über dem Thal an schönen Sommer- und Herbsttagen ebenfalls viele Wandernde unterwegs sind, so verteilen sich die Erholungsuchenden doch ziemlich gleichmässig auf dem Hügelzug zwischen Gänsbrunnen und Balsthal, denn die regelmässig auftauchenden Bergwirtschaften sind ein ideales Lenkungsinstrument für die sonntäglichen Besucherströme. Dass die zweite Jurakette trotz des Naturpark-Labels nicht von Erholungsuchenden überlaufen wird, hat zwei weitere Gründe: Erstens fehlt ein bequemer Zubringer in Form einer breiten Passstrasse oder einer Gondelbahn. Der Jurabus ist das einzige öffentliche Verkehrsmittel, das an Sonntagen im Sommerhalbjahr zum Brunnersberg und zur Tannmatt hinauffährt. Zweitens sind viele Mittellandbewohner der irrigen Meinung, dass man von der zweiten Jurakette eh keine Aussicht auf die Alpen habe und ein Besuch sich deshalb nicht lohne.

Wir beginnen unsere Wanderung bei der Postautohaltestelle Wolfsschlucht, mitten im Wald zwischen Welschenrohr und Herbetswil. Der Aufstieg durch die wilde Schlucht ist ein urtümliches Vergnügen. Senkrechte, gar überhängende Felswände, heruntergefallene Baumstämme, vermodernde Äste und Baumstrünke im urtümlichen Bachbett ergeben das Bild einer wilden, chaotischen Urlandschaft. Dass sich der Wolf hier wohlfühlen würde, ist durchaus vorstellbar. Noch wohler fühlt sich der Luchs im Solothurner Jura — so wohl, dass die Jäger bald nichts mehr zum

‹
Das breite Tal der Dünnern gibt dem Regionalpark Thal den Namen.

›
Der obere Ausgang der Wolfsschlucht.

Schiessen hätten, wie sie vor ein paar Jahren der kantonalen Jagdbehörde mitteilten. Die Waidmänner forderten eine Plafonierung des Luchsbestandes und ein Überdenken des Abschusstabus. Da jedoch die Akzeptanz des Luchses bei der Solothurner Bevölkerung sehr hoch ist und die Wolfsschlucht zum Naturpark Thal gehört, dürften andere Lösungen der Bestandesregulierung wie das Einfangen und Anderswo-Aussetzen von Jungtieren weiterhin bevorzugt werden.

Je höher man steigt, desto kultivierter präsentiert sich die Landschaft. Der Wald wird genutzt, die Wiesen werden beweidet und zuoberst auf dem breiten Hügelzug wird das Heu eingefahren. Die Topografie ist von der Vertikalen in die Horizontale übergegangen. Das Landschaftsbild ist harmonisch und weich wie die runden Hügel der östlichen Juraketten, und der Blick frei, so weit das Auge reicht – und das reicht bei klarem Wetter bis zum Säntis. Dass eine solche Landschaft Parkcharakter hat, ist der Thaler Bevölkerung nicht entgangen, und dass Landschaftsschutz und Wirtschaftsförderung keine Gegensätze sein müssen, zeigt das Konzept des Regionalparks Thal. Es verspricht nämlich, sowohl die Natur zu schützen als auch die Kulturlandschaft zu pflegen und die Wirtschaft zu fördern.

Die Route digital für unterwegs.

**Schwierigkeit**
T1, Wolfsschlucht T2

**Strecke**
18 km

**Höhendifferenz**
820 m Aufstieg, 940 m Abstieg

**Wanderzeit**
5¾ Std.

**Ausgangspunkt**
Herbetswil, Wolfsschlucht (Bus)

**Endpunkt**
Balsthal (Bahn/Bus)

**Route**
Von der Postautohaltestelle Wolfsschlucht (610 m) einige Meter der Strasse entlang talabwärts, nach links über die Dünnern und aufwärts durch die Wolfsschlucht bis zu einem Bödeli (823 m). Dort nach rechts den steilen Wald hinauf zum Tufftbrunnen und weiter zur Chüematt; dann nochmals durch einen steilen Wald zur Oberen Tannmatt (1121 m).
  Nun über Weiden nordostwärts zur Bergwirtschaft Güggel, dann auf einem Strässchen oder auf dem bogenförmig angelegten Wanderweg in etwa derselben Richtung zum Brunnersberg (1118 m).
  Weiter am Chli Brunnersberg vorbei bis zur scharfen Rechtskurve (P. 1032); das linke Strässchen wählen und leicht ansteigend zum Laupersdörfer Stierenberg (Restaurant) hinauf; dann weiter zur Bergwirtschaft Bremgarten (908 m) hinunter.

Nun recht steil den Hang hinab zur Hönger Chüeweid (680 m) und durch den Haulenwald ins Dorf und zum Bahnhof Balsthal (488 m) hinunter. Die ganze Strecke ist gelb markiert.

### Varianten
Mehrere Abstiegsmöglichkeiten ins Tal (Postautohaltestellen):
– Von der Bergwirtschaft Güggel südwärts und in weiten Schlaufen durch den Wald hinab zur Bergwirtschaft Grossrieden und weiter nach Aedermannsdorf.
– Vom Brunnersberg via Sunnenhalb, Obere Wengi, Untere Wengi nach Matzendorf.
– Von der Bergwirtschaft Bremgarten via Schad nach Laupersdorf.

### Verpflegung
– Bergwirtschaft Obere Tannmatt (Mo–Mi geschlossen), Telefon 062 394 12 21
– Bergwirtschaft Güggel (Mo–Mi geschlossen), www.bergwirtschaft-gueggel.ch
– Bergwirtschaft Stierenberg (Mi–Fr geschlossen), Telefon 062 394 12 56
– Bergwirtschaft Bremgarten (Mo/Di geschlossen), www.bergwirtschaft-bremgarten.ch
Weitere Infos: www.naturparkthal.ch

Oben: Oben auf dem Brunnersberg geht der Blick in die Weite.
Unten: Bergwirtschaft Güggel.

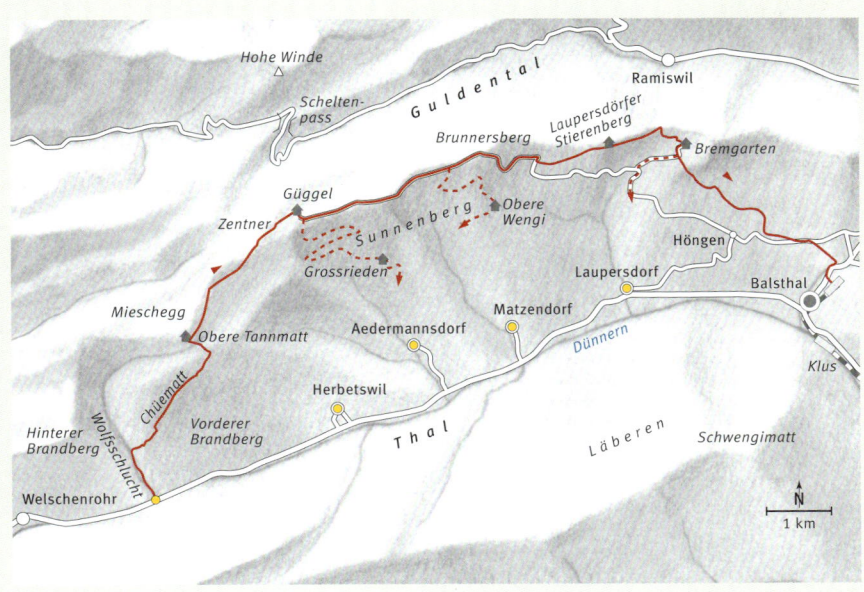

Vom Balmberg nach Rumisberg

# Chambenflüe und Bättlerchuchi

18

Zwei lange Grate auf der vordersten Jurakette bieten immer wieder grossartige Ausblicke auf das Mittelland und den Alpenkranz.

Der Balmberg ist ein kleiner Tourismusort mit einer grossen Vergangenheit. Drei Bügellifte, ein Tellerlift, eine Skischule, ein grosses Restaurant mit Terrasse auf dem Oberbalmberg und zwei weitere Gaststätten auf dem Mittleren und Vorderen Balmberg boten von 1980 bis 2012 ein umfassendes Wintersportangebot für die Region Solothurn. Mit der definitiven Schliessung des Kurhauses 2012 und dem Rückbau des längsten Skilifts infolge von Hangrutschungen im Jahr 2015 verlor der Wintersportort zwei seiner Trümpfe. Hinzu kam der Klimawandel mit tendenziell wärmeren, schneeärmeren Wintern. Während die Anlagen in den frühen 1980er-Jahren noch 80 bis 100 Tage in Betrieb waren, reichte es bald nur noch für 40 bis 70 Betriebstage. Zwar gab es immer wieder mal eine schneereiche Wintersaison, doch die kalten Winter wurden zunehmend rarer, und Schneekanonen waren aus finanziellen und geologischen Gründen kein Thema.

Eine gegensätzliche Entwicklung erlebte der Sommertourismus. Seit gut zehn Jahren steigt die Zahl der Besucherinnen und Besucher in der warmen Jahreszeit kontinuierlich an — vor allem wegen des 2007 eröffneten Seilparks bei der Passhöhe. Auch der Wandertourismus dürfte in den letzten Jahren trotz teilweise geschlossener Gaststätten zugelegt haben.

Der Balmberg ist ein typisches Beispiel für die Entwicklung eines touristischen Ortes im Jura oder in den Voralpen. Als die Zeit des Pioniertourismus im 19. Jahrhundert schon fast ihrem Ende entgegenging, wurde 1885 ein erstes Hotel auf dem Balmberg errichtet. Der grosse Aufschwung während der folgenden Jahrzehnte des Tourismus, der sogenannten Belle

‹ Panoramablick von der Chambenflüe auf die Alpenkette.

› Im Aufstieg zur Chambenflüe schweift der Blick zurück auf das Balmfluechöpfli.

Époque, liess auf sich warten. Der Balmberg war für die High Society Europas wohl ein zu unbedeutendes Reiseziel. Hingegen bot der Berg mit seiner sauberen Luft Heilung für Tuberkulosekranke. Im Jahr 1900 erfolgte der Bau eines Kurhauses auf dem Oberbalmberg. 1920 übernahm das Konkordat der solothurnischen Krankenkassen das Sanatorium für Tuberkulosekranke. Nun wird auch verständlich, weshalb es ein «Krankenkassenwägli» gibt, das vom Balmberg zur Nesselbodenröti hinaufführt.

Nach dem Zweiten Weltkrieg begann die Ära des Wintertourismus mit der Gründung des Kur- und Verkehrsvereins Balmberg. 1963 wurde ein erster Skilift gebaut. Bis 1982 folgten drei weitere Lifte. So wurde der Balmberg zu einem kleinen, attraktiven Wintersportort in unmittelbarer Nähe zum Mittelland. Das ging so lange gut, bis sich die Klimaerwärmung Ende der 1980er-Jahre bemerkbar machte und dem alpinen Skisport wie beschrieben zusetzte. Wie auch andernorts verläuft der Trend nun vom Winter- zum Sommertourismus — beziehungsweise auf dem Balmberg vom Skifahren zum Seilklettern.

Die Route digital für unterwegs.

**Schwierigkeit**
T2

**Strecke**
12 km

**Höhendifferenz**
540 m Aufstieg, 880 m Abstieg

**Wanderzeit**
4 Std.

**Ausgangspunkt**
Oberbalmberg, Kurhaus (Bus)

**Endpunkt**
Rumisberg, Schoren (Bus)

**Route**
Vom Kurhaus Oberbalmberg (1056 m) zur Passhöhe hinauf, nach rechts am Seilpark vorbei und vor dem Wald wieder nach rechts auf einen unmarkierten Wiesenpfad abzweigen, der im Wald auf einem kleinen Grat zur Wanneflue (1200 m) hinaufführt. Nun auf Wegspuren zum Übergang des Niederwiler Stierenbergs hinunter. Auf einem gelb markierten Wanderweg am Bergbeizli vorbei zum Chamben hinauf und auf dem Gratweg über die Chambenflüe (1251 m) bis zur Abzweigung eines Wanderwegs Richtung Hofbergli. Auf diesem Weg bis zu einem Strässchen absteigen, dort nach links zum Höch-Chrütz (1049 m) und auf einem langen Kretenweg via Bättlerchuchi (1076 m) bis zu einem Pässchen (P. 1077), das Rumisberg mit der Bergwirtschaft Hinteregg verbindet. Hier scharf nach rechts auf dem Passsträsschen, dann auf einem Waldweg und schliesslich wiederum auf einem Strässchen zum Weiler Schoren und zur Bushaltestelle Rumisberg, Schoren (713 m) hinunter.

**Varianten**
— Statt über die Wanneflue direkt zum Niederwiler Stierenberg; kürzer, aber langweiliger.

– Die Strecke Niederwiler Stierenberg–Hofbergli (Jurahöhenweg Nr. 5) ist zurzeit (Frühjahr 2022) wegen Steinschlaggefahr gesperrt und muss in einem mühsamen Umweg umgangen werden. Sobald die geplante Seilbrücke im Gschliff fertiggestellt ist, kann die direkte Route wieder begangen werden. Dabei verpasst man allerdings den attraktiven Kretenweg über die Chambenflüe.
– Von den Chambenflüe weiter auf dem Grat ostwärts zur Hinteren Schmiedenmatt (Bergrestaurant) absteigen; dann auf einem Wanderweg zum Höch-Chrütz aufsteigen und weiter auf der Normalroute.
– Statt auf dem Kretenweg vom Höch-Chrütz zur Hinteregg durch die Talmulde der Schmiedenmatt wandern; zeitlich kürzer, aber langweiliger, jedoch mit Verpflegungsmöglichkeiten am Weg.
– Von der Hinteregg zum Hällchöpfli hinauf und über den Grat zur Schwengimatt und von dort nach Balsthal (2 ½ Std.) oder Oensingen (2 ¾ Std.) absteigen.

## Verpflegung
– Balmberg: Seilparkbeizli (April–November geöffnet), Telefon 032 637 14 14
– Bergwirtschaft Niederwiler Stierenberg, Telefon 032 637 25 17

Rast mit Aussicht auf dem Chamben.

Varianten:
– Bergwirtschaft Hofbergli (Mo–Mi geschlossen), bergwirtschaft.hofbergli.ch
– Bergwirtschaft Hintere Schmiedenmatt (Mi/Do geschlossen), www.hintere-schmiedenmatt.ch
– Bergwirtschaft Vordere Schmiedenmatt (Mo/Di geschlossen), www.vordere-schmiedenmatt.ch
– Abseits der Route: Bergwirtschaft Hinteregg (Mi/Do geschlossen), www.hinteregg-rumisberg.ch

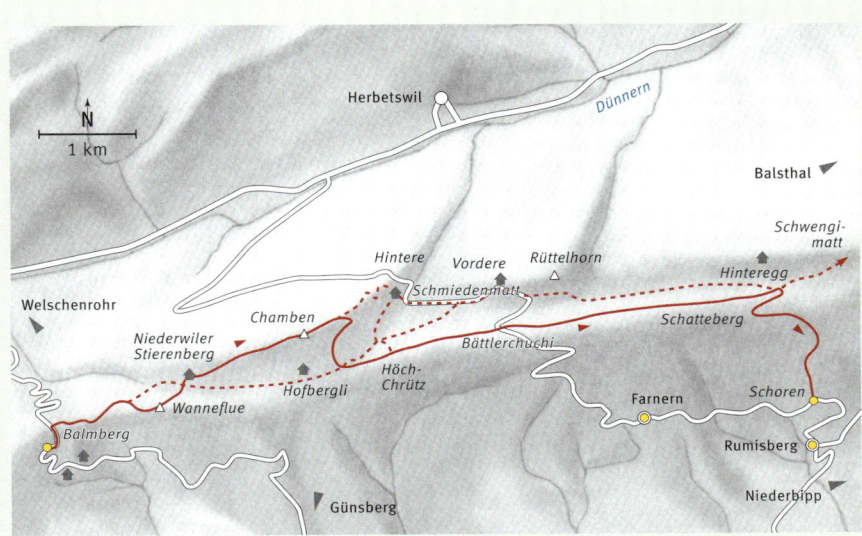

Vom Balmberg zum Grenchenberg

# Weissenstein

**19**

Der Panoramaweg über die Weissensteinkette ist ein Klassiker. Die grandiose Aussicht auf das Mittelland und die Alpenkette locken an schönen Wochenenden Heerscharen gut gelaunter Wandernder an.

Schon vor bald zweihundert Jahren war der Weissenstein für sein Panorama berühmt. Die Aussicht sei zwar weniger malerisch als von der Rigi, fand Karl Baedeker in seinem Reiseführer *Die Schweiz* von 1844, «die Fernsicht aber ist umfassender. Von keinem Puncte übersieht man besser die lange Kette der Hochalpen in ihrer ganzen Ausdehnung, von den Bergspitzen Tirol's bis zum Montblanc». Dank dem Alpenpanorama, das der Zürcher Kartograf Heinrich Keller 1817 auf einer Kupferplatte verewigte und als Werbeprospekt drucken liess, war der Solothurner Berg in kurzer Zeit in halb Europa bekannt. Die primitive Sennhütte wurde 1827 zu einem gediegenen Kurhaus mit Molkenbad umgebaut. Adelige und Reiche, Dichter und Denker kamen auf den Weissenstein, bewunderten die Aussicht und liessen sich vom Kurhauspersonal verwöhnen. Der Erste Weltkrieg beendete diese «Belle Époque» schlagartig. Anstelle der Schönen und Reichen kamen die Draufgänger und die Sportlerinnen. In den 1920er- und 1930er-Jahren wurden Auto- und Skirennen organisiert und eine Sprungschanze gebaut. Später kamen zwei Skilifte hinzu, und 1950 wurde der Sessellift Oberdorf-Weissenstein eröffnet. Die Sprungschanze und die Skilifte gehören heute der Vergangenheit an. Die nostalgische Sesselbahn jedoch wurde durch eine moderne Gondelbahn ersetzt, die sich seit ihrer Eröffnung 2014 grosser Beliebtheit erfreut.

Der Grenchenberg, das dritte Ausflugsziel der Weissensteinkette neben dem Balmberg und dem Weissenstein, ist vor allem ein beliebtes Naherholungsgebiet für die Uhrenstadt und ihre Umgebung. Im Winter laufen zwei

‹ Die Wandflue am Grenchenberg trägt ihren Namen zu Recht.

› Auf der Nordseite der Hasenmatt türmen sich grosse Cumuluswolken.

Skilifte, die dank ihrer Lage auf über 1200 Metern über Meer eine einigermassen gesicherte Zukunft haben. Eine ebenso gewichtige Rolle wie der Tourismus könnte in Zukunft auch die Windenergie spielen, falls der geplante Windpark auf dem Grenchenberg tatsächlich realisiert wird.

Die Route digital
für unterwegs.

**Schwierigkeit**
T1–T2

**Strecke**
15 km

**Höhendifferenz**
940 m Aufstieg, 700 m Abstieg

**Wanderzeit**
5 ¼ Std.

**Ausgangspunkt**
Oberbalmberg, Kurhaus (Bus)

**Endpunkt**
Grenchen, Unterer Grenchenberg (Bus)
Achtung: Der Bus nach Grenchen fährt nur Mi/Sa/So und während der Schulferien. Wenige Kurse – Fahrplan konsultieren.

**Route**
Vom Oberbalmberg (1056 m) auf der Krete direkt zur Röti (1395 m) hinauf und über den breiten Rötirücken zum Kurhaus Weissenstein (1281 m). Von hier führen der Planetenweg und der Jura-Höhenweg Nr. 5 zum Obergrenchenberg.

Im Detail: Vom Kurhaus Weissenstein zum Bergrestaurant Sennhaus hinunter, kurz auf der Weissenstein-Passstrasse bis zur Rechtskurve (1260 m), nach links auf dem Promenadenweg bis kurz vor die Bergwirtschaft Hinter Weissenstein. Dort links hinunter und über Weiden zum Schilizmätteli und zum Planeten Uranus, dann durch den Bergwald in südwestlicher Richtung zur Hasenmatt (1445 m).

Nun steil hinunter zum Übergang Müren (1318 m) und wieder hinauf zur Stallflue (1409 m), danach auf dem Gratweg über die Küferegg zum Obergrenchenberg. Entweder auf dem Jura-Höhenweg Nr. 5 bleiben und einen kleinen Abstecher zum Restaurant Obergrenchenberg (1352 m) machen oder zur Krete der Wandflue (1399 m) hinauf und der Bergkante entlang bis zur Abzweigung Ängloch wandern; schliesslich wieder auf dem Jura-Höhenweg zum Untergrenchenberg hinunter.

Blau blüht der Enzian
auf der Hasenmatt.

Über Matten und durch Wälder vom Hinter Weissenstein zur Hasenmatt.

## Varianten
– Vom Kurhaus Balmberg auf dem «Krankenkassenwägli» zur Nesselbodenröti und weiter zur Röti hinauf; weniger steil, aber ebenso attraktiv wie die Direktroute.
– Vom Balmberg (Passhöhe) auf dem Jura-Höhenweg Nr. 5 die Röti nördlich umgehen und zum Weissenstein hinaufwandern; 20 Min. kürzer, aber langweiliger Weg durch den Wald des Schofgrabens.
– Die Hasenmatt auf einem Strässchen via Althüsli umgehen; 15 Min. kürzer, aber Verzicht auf einen der schönsten Aussichtsgipfel des Juras.
– Vom Untergrenchenberg in zwei Stunden nach Grenchen hinunterwandern; verschiedene markierte Abstiegsrouten.

## Verpflegung
– Balmberg: Seilparkbeizli (April–November geöffnet), Telefon 032 637 14 14
– Hotel-Kurhaus Weissenstein, www.hotelweissenstein.ch
– Bergrestaurant Sennhaus (Mo geschlossen), www.sennhaus-weissenstein.ch
– Bergrestaurant Hinter Weissenstein (Mo/Di geschlossen), www.hinterweissenstein.ch
– Bergrestaurant Althüsli (Öffnungszeiten beachten), www.althuesli.ch
– Restaurant Obergrenchenberg (Mi/Do geschlossen), www.erlebnisgrenchenberg.ch
– Bergrestaurant Untergrenchenberg (Mo geschlossen), www.untergrenchenberg.ch

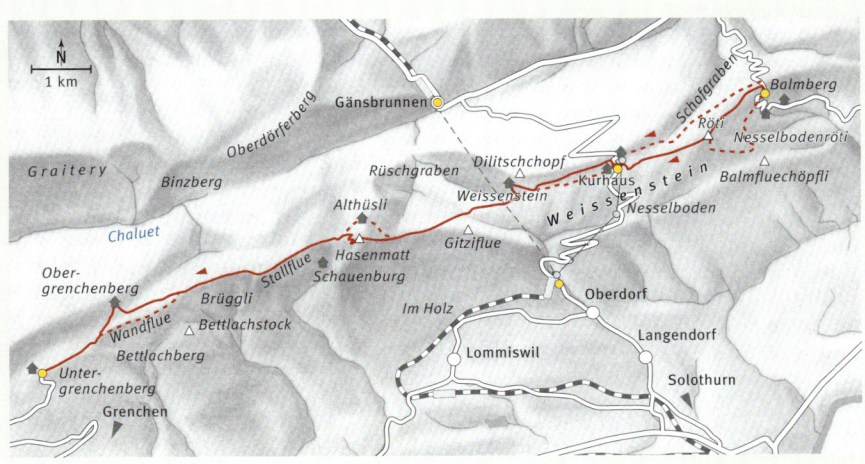

Von Oberdorf zum Weissenstein

# Der schönste Punkt des Juras

Ein unbekannter und ein bekannter Gipfel, das Balmfluechöpfli und die Rötifluh, können auf dieser abwechslungsreichen Wanderung erlebt werden. Beide bieten eine wunderbare Aussicht.

Die Frage, welches der schönste Aussichtspunkt des Juras ist, kann wohl nur subjektiv geklärt werden. Je nach Wandererfahrung und Aussichtserlebnis drängen sich mehrere Kandidaten auf: Chasseral, Creux du Van, Dent de Vaulion, Hasenmatt, Weissenstein, Röti, Belchenflue ... alles prächtige Aussichtsgipfel, doch mein Favorit ist das Balmfluechöpfli. Der niedliche Name passt so gar nicht zur markanten Fluh, die sich kühn über dem

Dörfchen Balm erhebt und wie ein vorwitziger Erker aus der vordersten Jurakette herausragt. Steht man zuoberst auf dem «Chöpfli», kann man nicht nur den firngekrönten Alpenkranz vom Mont Blanc bis zum Säntis, sondern auch — unmittelbar zu Füssen — das buntgescheckte Mittelland vom Murtensee bis zum Lindenberg überblicken, falls kein Dunst oder Saharastaub die Sicht trübt. Im Winterhalbjahr jedoch, wenn der Nebel über dem Flachland liegt, wähnt man sich in einem Flugzeug, das über ein flimmerndes Meer fliegt, direkt auf die glitzernde Jungfrau zu.

Zugegeben, mein Gipfelfavorit hat auch einen Nachteil: Er bietet keinen Ausblick nach Norden, weil da Bäume sind und ein anderer Berg vor der Aussicht steht. Dieser andere Gipfel lässt sich in einer Dreiviertelstunde besteigen. Vom Triangulationspunkt der Rötifluh geniesst man einen ungetrübten 360-Grad-Rundblick, der auch den nordwestlichen Teil der Schweiz und die Höhenrücken der Vogesen und des Schwarzwalds mit einschliesst. Im Osten fällt das Gipfelplateau senkrecht zum Balmberg ab. Dahinter folgen die bewaldeten Kuppen der ersten, zweiten und dritten Jurakette und ganz zuhinterst die Dampffahnen der Atomkraftwerke Gösgen und Leibstadt. Im Westen dreht der Jura in einem eleganten Schwung nach Süden, immer kleiner werdend, bis er irgendwo bei Genf dank der Erdkrümmung in den Horizont eintaucht. Spätestens jetzt gebe ich zu: Auch die Röti gehört zu meinen Favoriten.

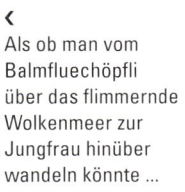

‹
Als ob man vom Balmfluechöpfli über das flimmernde Wolkenmeer zur Jungfrau hinüber wandeln könnte …

›
Blick vom Balmfluechöpfli auf den Jurabogen, der im Nebelmeer zu versinken scheint.

Was das Wandern im Solothurner Jura so angenehm macht: Es gibt (fast) keine Ferienhäuser. Die einzigen Gebäude in der Berglandschaft sind Bauernhäuser, Ställe und Scheunen und hie und da ein Kurhotel. Weshalb der Jura hier von der Zersiedelung verschont blieb, ist auf ein einzigartiges Dekret aus dem Jahr 1942 zurückzuführen. Damals beschloss der Solothurner Regierungsrat, die Juralandschaft vor «verunstaltenden Bauten» zu schützen. Seither dürfen in der Juraschutzzone, die mittlerweile 58 Prozent der Kantonsfläche einnimmt, nur zweckgebundene, also faktisch nur landwirtschaftliche Gebäude errichtet werden, und auch diese müssen «in besonderer Weise auf das Orts- und Landschaftsbild Rücksicht nehmen».

Die Route digital für unterwegs.

**Schwierigkeit**
T2

**Strecke**
9,5 km

**Höhendifferenz**
970 m Aufstieg, 330 m Abstieg

**Wanderzeit**
3¾ Std.

**Ausgangspunkt**
Oberdorf SO (Bahn)

**Endpunkt**
Weissenstein (Gondelbahn)

**Route**
Von der Station Oberdorf (655 m) auf der Weissenstein-Passstrasse bis zur ersten scharfen Linkskurve (758 m); dort geradeaus dem Hang des Vorbergs entlang bis zum Wegweiser «Stiegenlos»; links hinauf im Zickzack auf dem Stiegenlos-Weg bis zu einer Verzweigung oberhalb der Chuchigraben-Schlucht; dort den rechten Weg wählen Richtung Balmfluechöpfli, über eine Weide und wieder im Wald nach einem Zickzack nach rechts auf einer Waldstrasse leicht abwärts zum Chesselbach (993 m); gemäss Wanderwegzeichen um den Schattenberg herum und am Südhang, später auf dem Grat zum Balmfluechöpfli (1289 m).

Kurz auf demselben Bergweg zurück, dann nach rechts hinunter zum Sattel (Nesselbodenröti, 1222 m). Von dort gemäss Wegweiser und markiertem Weg zur Röti (1395 m) hinauf. Über Weiden westwärts zum Kurhaus Weissenstein (1281 m) und mit der Gondelbahn zum Bahnhof Oberdorf hinunter.

**Varianten**
– Die Wanderung in Solothurn beginnen. Vom Hauptbahnhof gemäss Wegweiser durch die Stadt und durch die Verenaschlucht nach Rüttenen. Von dort auf einer steilen Autostrasse zur Falleren hinauf; hier gemäss Wegweiser entweder Richtung Stiegenlos/Nesselboden oder direkter, aber weniger abwechslungsreich Richtung Balmfluechöpfli. Der Start in Solothurn verlängert die Wanderung um etwa eine Stunde, dafür hat man das Erlebnis der Verenaschlucht.
– Von der Nesselbodenröti zum Balmberg absteigen (Postautohaltestelle); kürzer, aber ohne Rundsicht von der Röti.
– Statt mit der Seilbahn zu Fuss vom Weissenstein nach Oberdorf absteigen. Weissenstein–

Nesselboden (Zwischenstation der Seilbahn): 30 Min.; Nesselboden–Gartenmatt–Oberdorf: 45 Min.

**Verpflegung**
– Hotel-Kurhaus Weissenstein,
   www.hotelweissenstein.ch
– Bergrestaurant Sennhaus (Mo geschlossen),
   www.sennhaus-weissenstein.ch

Nach der Schneeschmelze spriessen die weissen Krokusse auf der Röti-Wiese.

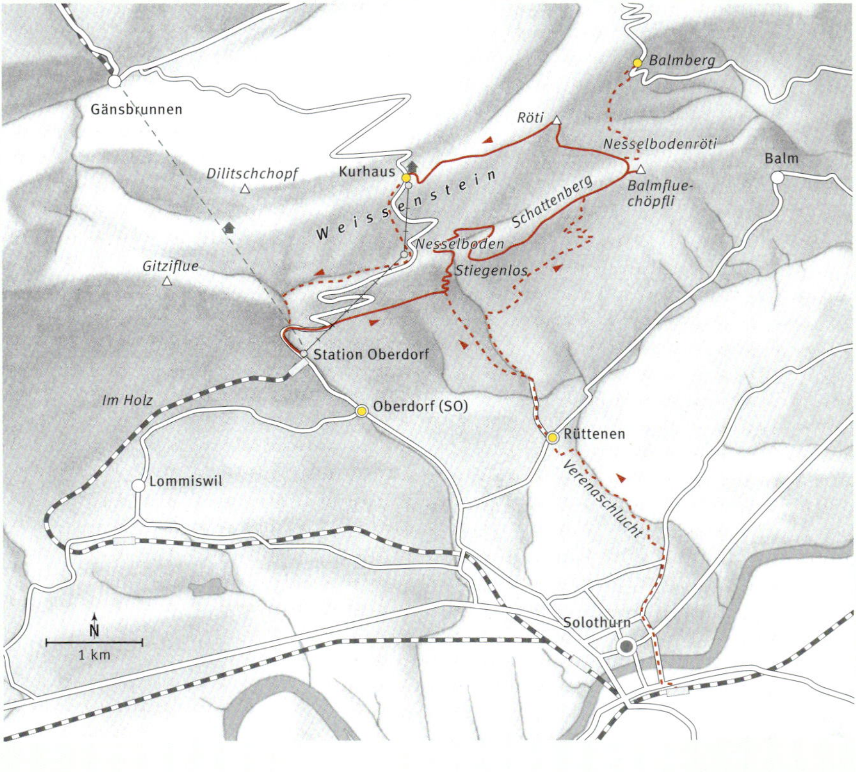

Von Balm bei Günsberg nach Grenchen

## Am Jurasüdfuss

Wenn an der Aare schon die Weidenkätzchen blühen und auf den Jurahöhen noch Schnee liegt, ist eine Wanderung am milden Südfuss des Juras angesagt. Herrscht dazu noch gute Fernsicht, steht dem Wandervergnügen nichts mehr im Weg – die Steigungen sind gering.

Der erste Aussichtspunkt auf das Alpenpanorama ist bereits bei der Ruine Balm oberhalb des gleichnamigen Dörfchens erreicht. Von der Ruine selbst ist allerdings nicht mehr viel zu sehen, ausser ein paar Steinmauern, die vor einer natürlichen Einbuchtung in der senkrechten Balmfluewand aufgeschichtet wurden. Der Name «Balm» ist keltisch und bedeutet «Schutz».

Wahrscheinlich benutzten schon die Kelten den natürlichen Unterstand als Siedlungsplatz. Ausgrabungen weisen gar auf eine viel frühere Besiedlung der Höhle im Jungpaläolithikum vor über 11000 Jahren hin. Viel später, nämlich in der Mitte des 11. Jahrhunderts, errichteten die Herren von Balm um die Felshöhle eine Burg, verliessen diese aber schon bald wieder zugunsten einer bequemeren Wohnstätte in Altbüron. Danach geriet die Burg in den Besitz verschiedener Feudalherren und Bürger, bis sie schliesslich um 1450 dem Zerfall und den Bauern der Umgebung als Baumaterial überlassen wurde.

Noch viel älter als die Siedlungsspuren unserer steinzeitlichen Vorfahren sind die Fussspuren im Lommiswiler Steinbruch, nämlich rund 145 Millionen Jahre. Verursacher dieser urzeitlichen Fährten waren Dinosaurier, die sich im Mesozoikum in unserer Gegend tummelten, wobei die Gegend ziemlich anders aussah als heute. Man stelle sich eine flache, tropische Meereslagune mit feinem, lehmigem Schlick vor. Teile der Lagune wurden nur bei hoher Flut überschwemmt. Eines Tages spazierten ein paar riesige Brontosaurier über den feuchten Kalkschlamm und hinterliessen tiefe Fusseindrücke. Weshalb aber wurden diese Spuren nun nicht einfach von der nächsten Flutwelle wieder verwischt? Wie konnten sich solch flüchtige Abdrücke über 145 Millionen Jahre erhalten? Wie der Vorgang der Verfestigung und Versteinerung der Saurierfährten genau abgelaufen ist, erfährt man auf mehreren Infotafeln auf der hölzernen Plattform, die

‹
Der Föhn über den Alpen lässt die Berge näher an den Jurasüdfuss rücken; von links nach rechts: Wetterhorn, Schreckhorn, Finsteraarhorn, Eiger.

›
Saurierfährten im Steinbruch von Lommiswil. Die Trittsiegel sind am späten Nachmittag am besten zu erkennen.

nach der Entdeckung der Fährten gegenüber der steil ansteigenden Felsplatte errichtet wurde. Von dieser Plattform aus hat man einen umfassenden Einblick auf die vielen «Elefantentritte», wie die Steinbrucharbeiter die Saurierspuren vor der wissenschaftlichen Deutung nannten.

Doch neben aller Prähistorie geniessen wir auf dieser Wanderung die weite Sicht ins Aaretal und schätzen am Ende das moderne Grenchen mit seinen Glasbauten am Postplatz.

Die Route digital für unterwegs.

**Schwierigkeit**
T1

**Strecke**
18 km

**Höhendifferenz**
400 m Aufstieg, 610 m Abstieg

**Wanderzeit**
4 ¾ Std.

**Ausgangspunkt**
Balm b. Günsberg, Dorf (Bus)

**Endpunkt**
Grenchen Süd (Bahn)

**Route**
Von Balm bei Günsberg (654 m) auf der Alten Balmbergstrasse zur Burgruine Balmfluh (682 m) hinauf. Auf einem schmalen Pfad, später auf breiten Waldwegen den gelben Wanderwegzeichen folgend meist durch den Wald oder dem Waldrand entlang via Forsthaus nach Oberdorf/Station (655 m).

Vom Bahnhof Oberdorf auf der Weissensteinstrasse aufwärts bis zum ehemaligen Restaurant Weberhüsli; dort nach links, dem braunen Wegweiser «Saurierspuren» folgend zum Lommiswiler Steinbruch mit den sehenswerten Saurierfährten (712 m).

Auf der gelb markierten Waldstrasse an einem alten Steinbruch vorbei, dann abwärts bis zum Waldrand mit dem Lommiswiler Forsthaus (675 m). Nun auf einem gelb markierten Flurweg eine Wiese hinunter und beim zweiten querenden Feldweg (P. 629) nach rechts zum Waldrand (bei Schiessbetrieb weiter abwärts und unter dem Schützenhaus vorbei die Schusslinie umgehen); am Hof Schützenmatt vorbei bis zur Waldecke (P. 610). In den Wald hinein, über den Lochbach, dann dem Waldrand entlang, über den Brügglibach und wieder dem Waldrand entlang bis zur Allmend oberhalb Bettlach (608 m). Nun auf meist geteerten Strässchen zum oberen Stadtrand von Grenchen und direkt hinunter zum Stadtzentrum und zum Bahnhof Grenchen Süd (440 m). (Wer Richtung Moutier/Basel heimkehren möchte, peilt den Bahnhof Grenchen Nord an.)

**Variante**
Eine «untere» Route wählen, die vorwiegend über offenes Land mit viel Aussicht, aber auch mit längeren Asphaltstrecken führt. Die Variante ist unwesentlich kürzer als die Normalroute. Im Jungbannwald bei der ersten Wanderwegverzweigung (688 m) den linken, abwärts führenden Weg Richtung Galmis wählen. Bei der nächsten grossen Wegverzweigung dann dem rechten (oberen), nicht markierten Weg folgen. Zum Wald hinaus, auf einem Fahrsträsschen am Windrad vorbei und durch das Oberrüttener Villenquartier hinunter nach Falleren (553 m). Dort nach links über die Talsohle zum Fallerenhölzli und nach rechts auf gelb markiertem Weg durch das Wäldchen und über eine aussichtsreiche

Lommiswil mit einer modernen Kirche und einer alten Kapelle.

Seitenmoräne nach Oberdorf. Über den Dorfplatz (Bushaltestelle) an der sehenswerten Barockkirche vorbei via Busleten nach Lommiswil. Gemäss Wegweiser weiter Richtung Grenchen: zum Dorf hinaus, über die Bahnlinie und zum Waldrand (Schützenmatt) hinauf, wo man wieder auf die Normalroute trifft.

**Verpflegung**
– Balm b. Günsberg: Restaurant Balmfluh, Telefon 032 637 15 46
– Restaurant Neue Zelg ob Bettlach (Di/Mi geschlossen), Telefon 032 645 20 76
– Grenchen: Zahlreiche Restaurants und Einkaufsläden
– Auf der unteren Route (Variante): Die Restaurants in Oberrüttenen (Telefon 032 622 93 88), Oberdorf (Gasthof Engel, www.engel-oberdorf.ch; Restaurant Kreuz, www.kreuz-oberdorf.ch) und Lommiswil (Restaurant Lamm, www.restaurant-lamm-lommiswil.ch) sind unregelmässig, meistens nur abends geöffnet; Einkaufsladen in Oberdorf und Lommiswil.

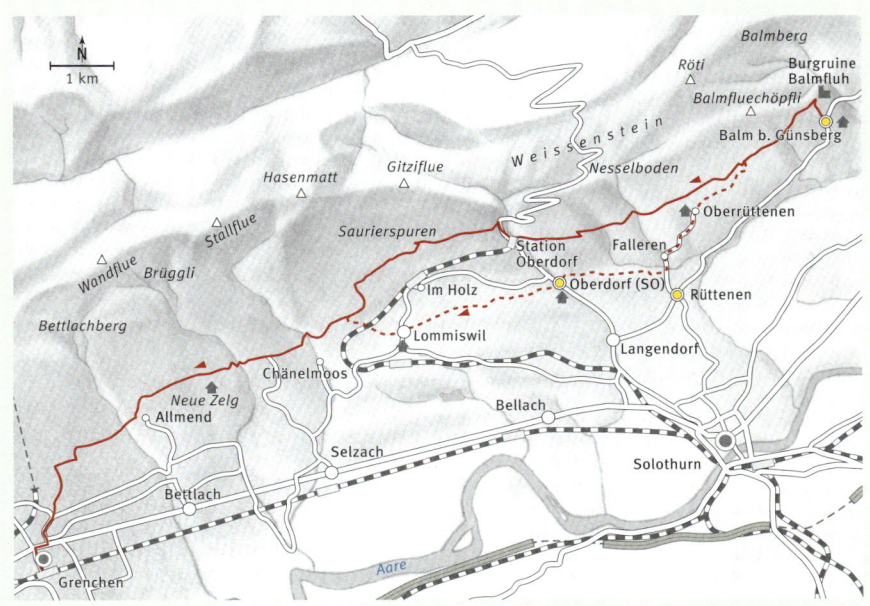

# Berner Jura und Kanton Jura

Der nordisch anmutende Etang de la Gruère.

Von Corcelles nach Moutier

# Mont Raimeux

**22**

Auf steilen Wegen durch die Schlucht Gore Virat mit ihren kaskadenartigen Wasserfällen über einen breiten, aussichtsreichen Höhenrücken – und gemütlich ins Tal zurück.

Ob die Römer bereits auf den Mont Raimeux gestiegen sind, wenn auch gezwungenermassen, weil die Schlucht von Moutier noch nicht passierbar war, ist unter Verkehrshistorikern umstritten, aber durchaus möglich. Gesichert ist die Passage über den Mont Raimeux jedoch für das Mittelalter. Ein 15 Meter langer Felseinschnitt und tiefe Gleisrillen auf dem Strässchen von Grandval zum Raimeux de Grandval belegen die historische Benutzung dieses Übergangs. Die historischen Übergänge über den Mont Raimeux waren allerdings nie ernsthafte Alternativen zur direkten Route durch die Klus von Moutier nach Delémont, die in der Mitte des 7. Jahrhunderts von den Mönchen German und Randoald eröffnet worden war.

Es waren auch diese beiden Pionier-Mönche aus Luxeuil im Burgund, die um 640 das Kloster Moutier-Grandval gründeten. Die Abtei Münster-Granfelden, wie das Kloster auf Deutsch heisst, entwickelte sich unter der umsichtigen Führung von German zu einem religiösen Zentrum, das auch nach dem Märtyrertod des Klostergründers im Jahr 675 weiter blühte und seinen Höhepunkt im 9. Jahrhundert erlebte, als unzählige Pilger zu den Gebeinen des heiligen German strömten. Im Jahr 999 schenkte der letzte Burgunderkönig — ob aus Angst vor dem «Jüngsten Gericht» im Jahr 1000 oder aus politischem Kalkül — das Kloster Moutier-Grandval samt seinen umfangreichen Ländereien dem Bischof von Basel. Danach gehörte Moutier und Umgebung fast acht Jahrhunderte lang zum Fürstbistum Basel. Das Kloster Münster-Granfelden aber, das am besiedelten Südhang

‹ Blick von Corcelles auf die felsdurchsetzte Wand des Mont Raimeux.

› In mehreren Kaskaden stürzt das Wasser durch die Schlucht Gore Virat.

von Moutier stand, wurde während der Reformation aufgegeben und diente schliesslich als Grube für Bausteine.

Hat man die kleinen Wasserfälle von Gore Virat oberhalb Corcelles überwunden und den Bergwald verlassen, öffnet sich ein weiter Höhenrücken mit typischen Juraweiden, Einzelbäumen und kleinen Hecken. Und unvermittelt steht man vor der Bergwirtschaft Raimeux de Crémines. Kann man hier einfach vorbeigehen und den Durst erst in der nächsten Wirtschaft stillen? Oder soll man die Gelegenheit packen, da man ja nie weiss, ob die anderen Bergbeizen geöffnet haben? Jedenfalls lohnt es sich, die Öffnungszeiten der Bergrestaurants schon vor dem Beginn der Wanderung zu studieren, um nicht vor geschlossenen Türen zu stehen. Andererseits ist auch ein Picknick im Gras am sonnigen Südhang namens Sur le Golat oder beim Aussichtsturm des Mont Raimeux, dem mit 1301 Metern über Meer höchsten Punkt des Kantons Jura, nicht zu verachten. Ob Picknick oder Beizenbesuch, auf dem Raimeux darf man sich die Zeit nehmen, denn der Abstieg über den sanften Höhenrücken, der tief stehenden Sonne entgegen, ist ein absoluter Genuss und auch der steilere Schluss durch den Bergwald ins *grandis vallis* (das grosse Tal) von Moutier hinunter ist durchaus angenehm.

Die Route digital für unterwegs.

**Schwierigkeit**
T1–T2

**Strecke**
14 km

**Höhendifferenz**
720 m Aufstieg, 840 m Abstieg

**Wanderzeit**
4 ½ Std.

**Ausgangspunkt**
Corcelles BE (Bahn)

**Endpunkt**
Moutier (Bahn)

**Route**
Von der Bahnhaltestelle Corcelles (650 m) gemäss Wanderwegweiser ins Dörfchen Corcelles hinunter, kurz der Dorfstrasse entlang ostwärts, im Dorfzentrum nach links den Hang hinauf zu den Wasserfällen von Gore Virat und zur Bergwirtschaft Raimeux de Crémines (1119 m).
   Über Juraweiden nordwärts zur Krete Sur le Golat hinauf, dann westwärts dem Grat entlang zum Aussichtsturm des Mont Raimeux (1301 m); schliesslich südwärts über eine Weide zum Restaurant du Signal beim Raimeux de Grandval (1287 m).
   Über den breiten Höhenrücken in südwestlicher Richtung zur Cabane du Raimeux (1236 m). Nun entweder nach links über Juraweiden Richtung Raimeux de Belprahon (Variante) oder – lohnender – geradeaus, über einen schmaler werdenden Höhenrücken in den Wald hinein.

Impressionen vom Aufstieg zum Mont Raimeux.

Den gelben Markierungen folgend, unvermittelt scharf nach links in die Mulde des Seitentälchens Combe du Pont und über Juraweiden zu P. 969, wo man auf die Routenvariante trifft. Abstieg nach Moutier (529 m) auf angenehm angelegtem Zickzackweg durch den Wald.

### Varianten
– Die Wanderung am Bahnhof Crémines beginnen und auf dem gelb markierten Wanderweg zum Raimeux de Crémines aufsteigen; gleich lang, aber ohne Wasserfälle.
– Vom Raimeux de Crémines auf einem geteerten Strässchen zum Raimeux de Grandval. Kürzer, aber alles Asphalt.
– Vor der Cabane du Raimeux nach links zum Raimeux de Belprahon und weiter über Juraweiden Richtung Moutier. Ein bisschen kürzer.

### Verpflegung
– Bergwirtschaft Raimeux de Crémines (Mi/Do geschlossen), www.raimeux.org
– Bergerie-Restaurant du Signal (Mo/Di geschlossen), www.raimeux.org
– Cabane du Raimeux SAC (Sektion Delémont), nur an Wochenenden bewartet, www.cas-delemont.ch
– Moutier: Mehrere Restaurants und Einkaufsläden

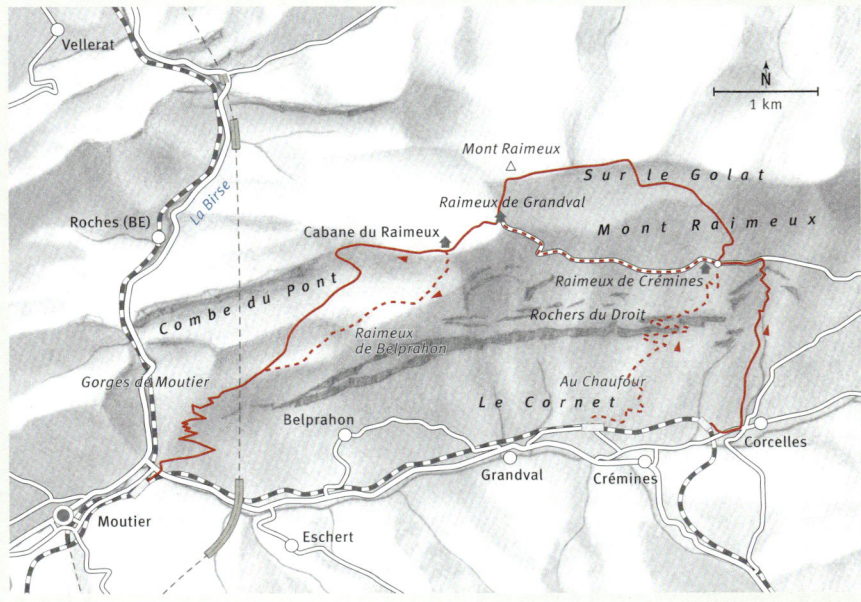

Von Gänsbrunnen nach Moutier

# 23 Über den Röstigraben

Eine Grenzwanderung auf «hohem Niveau» über Juraweiden und durch Nadelwälder mit einem steilen Aufstieg – und einem noch steileren Abstieg über Eisenleitern.

Der «Röstigraben» ist auch hier, wie vielerorts in der Schweiz, eher ein Grat als ein Graben. Konkret bildet die Krete, die sich von Gänsbrunnen zum Oberdörferberg hinaufzieht, die Grenze zwischen Deutsch und Welsch und gleichzeitig zwischen dem Kanton Solothurn und dem Kanton Bern (Berner Jura). Sehr nahe am Grat verläuft auch der erste Teil der Wanderroute. Auf dem höchsten Punkt des Oberdörferbergs verlassen wir allerdings den «Röstigraben» und wandern weiter westwärts zum Graitery, bevor wir steil nach Moutier hinunterstechen. Die Sprachgrenze jedoch wendet sich auf dem Oberdörferberg nach Süden zum Binz- und danach nach Südwesten zum Grenchenberg und weiter nach Biel/Bienne. Auf unserer Wanderroute werden wir also am Vormittag die entgegenkommenden Wanderinnen und Wanderer mit «Grüessech» und am Nachmittag mit «Bonjour» begrüssen — wenn sie sich denn an ihre angestammte Sprachregion halten würden, was natürlich sehr oft nicht der Fall ist.

Ein spezielles «Röstigraben-Phänomen» herrscht manchmal im Spätherbst, wenn im Mittelland bis weit ins Solothurner Thal hinein zäher Nebel hockt. Auch am Bahnhof Gänsbrunnen, der genau genommen auf bernjurassischem Territorium liegt, werden wir von Nebelschwaden und einem eisig kalten Wind empfangen. Der Boden ist hart gefroren und mit einer dicken Raureifschicht bedeckt. Wir steigen Richtung Backi durch den Buchenwald hinauf, durchbrechen die Nebelschicht und geniessen die wärmende Sonne und die Stille. Und auch der Wind ist weg. Vom Aussichtspunkt La Haute Joux schauen wir nochmals zum Bahnhof Gänsbrunnen hinunter und erblicken ein seltsames Naturschauspiel: Wie ein Wasserfall stürzen die Nebelschwaden vom höher gelegenen Thal die Klus von Gänsbrunnen hinunter und lösen sich alsbald auf. Die tiefer gelegenen Dörfer Corcelles, Crémines und Grandval liegen in prächtigem Sonnenschein. Der «Röstigraben» ist also — zumindest an einigen Tagen — auch

‹
Während die Novembersonne die Jurahöhen erwärmt, ist es am Talboden unterhalb Gänsbrunnen noch eisig kalt.

›
Eine knorrige Buche und junge Föhren überleben am rutschigen Westhang des Oberdörferbergs.

Im Backihaus der SAC-Sektion Weissenstein können sich Wandernde an Wochenenden mit einer feinen Suppe verpflegen.

eine Wetterscheide. Allerdings ist die französische Sprache kein Garant für Nebelfreiheit. Bereits im Becken von Delémont ist der Hochnebel wieder ein häufiger Gast.

Die Fortsetzung unserer Wanderung führt uns am SAC-Haus Backi vorbei zum Restaurant Oberdörferberg. Was aber hat der Name des Berges mit Oberdorf zu tun? Tatsächlich geht die Geschichte auf das 17. Jahrhundert zurück, als die Bauern aus Oberdorf ihre Weiderechte am Weissenstein an die Stadt Solothurn abtreten mussten und als (billigen) Ersatz den abgelegenen Berg Monfallon, den heutigen Oberdörferberg, erhielten.

Die Route digital für unterwegs.

**Schwierigkeit**
T2

**Strecke**
12 km

**Höhendifferenz**
735 m Aufstieg, 930 m Abstieg

**Wanderzeit**
4 ½ Std.

**Ausgangspunkt**
Gänsbrunnen (Bahn)

**Endpunkt**
Moutier (Bahn)

## Route

Vom Bahnhof Gänsbrunnen (718 m) der Strasse Richtung Balsthal folgen (Trottoir). Nach etwa 200 Metern nach rechts in einen schmalen Waldpfad abbiegen, im Zickzack steil hinauf, an alten Bunkern vorbei zu einem breiten Weg. Bald wieder nach rechts schräg hinauf und auf dem «Martinswägli» bis zum Aussichtspunkt La Haute Joux (1169 m). Nun über Juraweiden an der SAC-Hütte Backi vorbei zur Bergwirtschaft Oberdörferberg (1234 m) und weiter dem Grat entlang bis zum westlichen Ende des Oberdörferbergs (1297 m). Dort rechts hinunter, immer den gelben Wanderwegzeichen folgend, durch Wäldchen und über sumpfige Weiden an der Alp Loge aux Boeufs (1142 m) vorbei westwärts über eine grosse Weide zum Waldeinschnitt und vorerst mässig, dann sehr steil den felsigen, mit Ketten gesicherten Hang zum Graitery (1240 m) hinauf. Dem Waldrand entlang bis P. 1160, dort nach links über eine Wiese bis zu einem Wegweiser, der schräg abwärts Richtung «Moutier par les escaliers» zeigt. Beim nächsten Wegweiser nach rechts zum Wald hinunter und über Eisentreppen und einen steilen Waldpfad nach Rière Plain Champ (678 m) hinab. Von dort durch ein Wäldchen und auf geteerten Strässchen zum Bahnhof Moutier.

## Varianten

— Vom Oberdörferberg (beim Skiliftende) nach rechts hinunter zur Bergerie d'Eschert (Bergwirtschaft), weiter Richtung Moutier auf teilweise ungenau markierten Wanderwegen nach Rière Plain Champ; von dort auf der Normalroute zum Bahnhof Moutier. Etwa 30 Min. kürzer und weniger Höhendifferenz, aber ohne Graitery.
— Statt über den steilen Leiternweg («Moutier par les escaliers») auf einem Fahrsträsschen in einem grossen Bogen nach Rière Plain Champ hinunterwandern. Etwas länger, dafür weniger steil.

## Verpflegung

— SAC-Hütte Backi, nur an Wochenenden bewartet, www.sac-weissenstein.ch
— Bergrestaurant Oberdörferberg (Mo/Di geschlossen), Telefon 032 639 16 85
— Moutier: Zahlreiche Restaurants und Einkaufsläden
— Abseits der Route: Berghof Montpelon (Mai–Oktober geöffnet; Mo geschlossen), www.montpelon.ch; Bergerie d'Eschert (Fr–So geöffnet), Telefon 032 534 37 73; Auberge du Graitery (Mi/Do geschlossen), www.auberge-graitery.ch

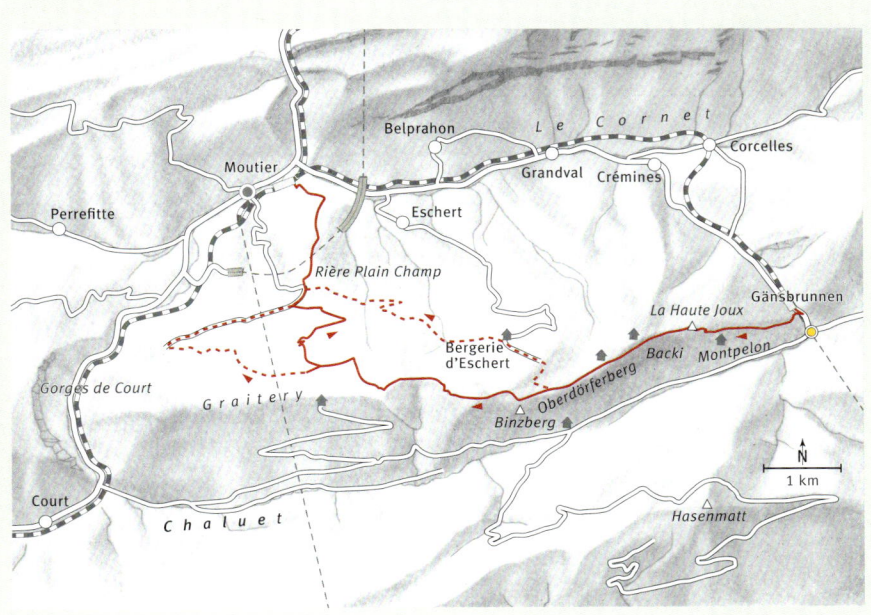

Von Grenchen nach Biel/Bienne

# 24 Bözingenberg

Die angenehme Höhenwanderung verbindet nicht nur zwei bekannte Uhrenstädte und zwei Kantone, sie verläuft auch mehr oder weniger dem «Röstigraben» entlang.

Auf der Wanderung von Grenchen nach Biel wird die Sprachgrenze mindestens zweimal überschritten; wo genau, ist allerdings nicht so einfach festzustellen. In Grenchen, das sich gerne ein bisschen frankophil gibt und beispielsweise sein Rathaus mit Hôtel de Ville anschreibt, leben nur noch wenige Französischsprachige. Dies war in der zweiten Hälfte des 19. Jahrhunderts anders, als mit der Förderung der Uhrenindustrie viele Welsche nach Grenchen/Granges zogen. Heute beschäftigt die wieder florierende Uhrenbranche zwar immer noch viele Französischsprachige, doch diese kehren am Abend jeweils durch den Grenchenbergtunnel oder via Biel wieder in ihre jurassische Heimat zurück.

Irgendwo im Wald zwischen Allerheiligen und Romont (BE) haben wir die Sprachgrenze überschritten, denn die Strasse ins Dorf hinauf heisst nun «Route Principale», auch wenn sie eher wie eine Nebenstrasse aussieht. Die Gemeinde Romont thront quasi als französischsprachiger Aussenposten am östlichen Ende des Bözingenberges. Noch sind die Welschen im 200-Seelen-Dorf in der Mehrheit, doch mit über 40 Prozent bilden die Deutschsprachigen eine gewichtige Minderheit, und diese Minderheit dürfte in den nächsten Jahren noch zulegen, denn am Südfuss des Bözingenbergs liegen grosse deutschsprachige Gemeinden (Pieterlen, Lengnau, Grenchen). Die nebelfreie Wohnlage und die kurzen Arbeitswege verlocken nicht wenige Aaretalbewohner, ihren Wohnsitz nach Romont zu verlegen, zumal die kleine Gemeinde auf dem «runden Berg» günstiges Bauland und bezahlbare Mietwohnungen bietet. Traditionellerweise hat sich Romont jedoch nicht zum Aaretal, sondern nach Westen zum Berner Jura hin ausgerichtet. Es gehört seit 1841 zum französischsprachigen Amtsbezirk Courtelary — vorher zum deutschsprachigen Bezirk Büren —, und die einzige Busverbindung führt über Vauffelin nach Biel und nicht ins nahe gelegene Lengnau oder Grenchen. Diese traditionelle Ausrichtung

‹
Biel und die drei Juraseen vom Bözingenberg aus gesehen.

›
Blick vom Kurhaus Bözingenberg über das winterliche Nebelmeer in die Alpen.

Über den Rücken des Bözingenbergs nach Westen.

nach Westen erklärt wohl auch, weshalb sich Romont am ziemlich weit entfernten Regionalpark Chasseral beteiligt.

Ob die Sprachgrenze beim Kurhaus auf dem Bözingenberg wieder überschritten worden ist, kann nicht mit Bestimmtheit gesagt werden, denn je nach der Zusammensetzung der Gäste wird mehr Französisch oder mehr Deutsch oder sonst eine Sprache gesprochen und die meisten Bielerinnen und Bieler sind ja eh «bilingue».

Die Route digital für unterwegs.

**Schwierigkeit**
T1

**Strecke**
14 km

**Höhendifferenz**
625 m Aufstieg, 620 m Abstieg

**Wanderzeit**
4 ¼ Std.

**Ausgangspunkt**
Grenchen Süd (Bahn)

**Endpunkt**
Biel/Bienne, Taubenloch (Bus)

**Route**
Vom Bahnhof Grenchen Süd (440 m) die Bahnhofstrasse hinauf zum Postplatz, halb links in die Kirchstrasse, nach der Kirche nach links in die Schulstrasse bis zur Überführung nördlich des Bahnhofs Nord. Über die Brücke und geradeaus

weiter auf der Schützengasse bis zur Dählenstrasse; nach rechts, die Dählenstrasse hinauf zur Allerheiligenstrasse. Dort nach links und bald nach rechts durch den Wald, an der Allerheiligen-Kapelle (597 m) vorbei bis zur Romontstrasse. Hier nach links in den Wald hinein, den gelben Markierungen folgend bald scharf nach rechts zum Firsi-Hügel hinauf, einer grossen, eingezäunten Steingrube entlang und auf schmalem Weg zum Waldausgang. Nun auf der Hauptstrasse zum Dorf Romont (750 m) hinauf.

Beim Restaurant Communal nach links die Rue du Clos Michel hinauf, den Wanderwegmarkierungen folgend über Viehweiden und durch Wäldchen südwestwärts über den breiten Rücken des Bözingenbergs. Dabei kommt man am Bauernhof La Bergerie (927 m) vorbei, wo der Wanderweg bei feuchter Witterung in einem grossen Morast endet. Entweder den Morast durchwaten oder den Hof mehr oder weniger grossräumig umgehen. Danach weiter über die Höhe zum Kurhaus Bözingenberg (929 m).

Von dort kurz auf dem Zufahrtssträsschen bis zur ersten Rechtskurve, dann links hinunter auf einem schmalen, steilen Waldpfad, später auf breitem Weg nach Biel-Bözingen (Bushaltestelle Taubenloch, 445 m).

## Varianten
– Vom Bahnhof Grenchen Süd mit dem Bus Richtung Weinbergstrasse bis zur Haltestelle Veilchenstrasse fahren. Zeitgewinn: 40 Minuten.
– Statt über den Rücken des Bözingenbergs dem Südhang entlang zum Kurhaus Bözingenberg: Nach dem grossen Weidegatter oberhalb des Dörfchens Romont nach links auf einen fast horizontalen, breiten Weg; um den Rücken des Bözingenbergs herum zum Südhang, immer geradeaus, vorerst gemächlich ansteigend, später horizontal und leicht abwärts, dann wieder ansteigend bis zum Kurhaus. Etwa gleich lang wie die Normalroute, aber eintöniger, jedoch bei feuchter Witterung zu empfehlen, da die Wege trocken sind.
– Von Biel-Bözingen der Schüss entlang in ca. 45 Minuten zum Hauptbahnhof Biel wandern.

## Verpflegung
– Romont: Restaurant Le Communal (Mo geschlossen), Telefon 032 377 35 07
– Bözingenberg: Restaurant Bözingenberg (Mo/Di geschlossen), www.boezingenberg.ch

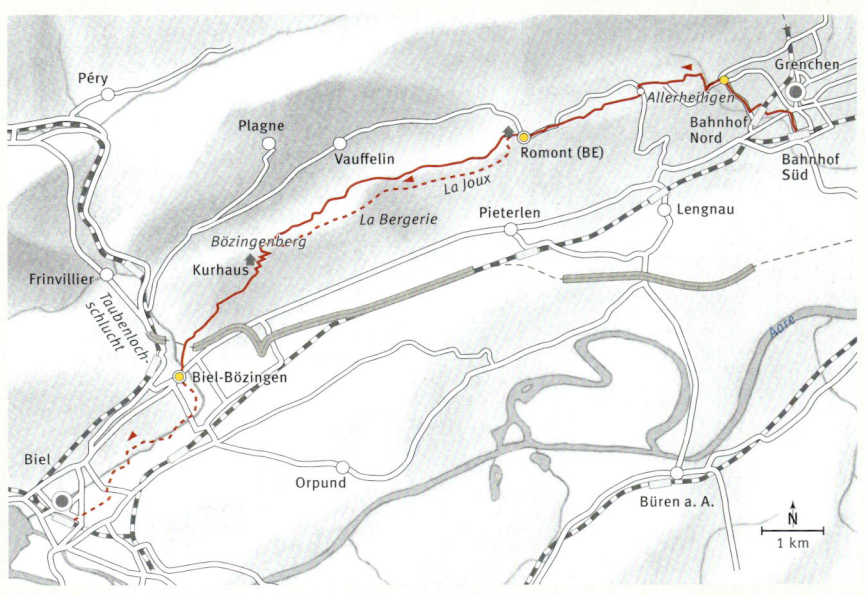

Von der Kirche von Ligerz schweift der Blick weit über den Bielersee zur St.-Peters-Insel.

Von Magglingen nach La Neuveville

## 25 Der Bielersee-Klassiker

Die Rebberge über dem Bielersee sind aufgrund ihres milden Klimas schon im Frühling ein begehrtes Wanderziel. Im Sommer lockt dann vielmehr die kühle Taubenlochschlucht.

Auf dem Kurhausweg von Magglingen zum Twannberg, die Twannbachschlucht hinunter und auf dem Rebenweg nach Ligerz, so heisst das Programm für unzählige Seniorenwanderungen, Sonntagsausflüge und Schulreisen. Die Route ist ein absoluter Klassiker der Schweizer Wanderszene. Ihre Beliebtheit ist einfach zu erklären, denn hier gibt es für alle etwas: für die Gemütlichen den Spaziergang auf dem horizontal angelegten Kurhaus-Waldweg, für die Romantischen den Abstieg durch die wilde Twannbachschlucht und für die philosophisch Bedächtigen den Gang auf dem Rebenweg mit dem weiten Blick über den Bielersee bis zu den Alpen. Und wer nicht die gesamte Wanderung durchführen will, hat zahlreiche Möglichkeiten zur Unterbrechung und nicht zuletzt zu einem Besuch in den Gasthäusern und Weinkellern von Twann und Ligerz.

Die hier vorgestellte Route weicht zu Beginn etwas vom Klassiker ab, indem von Magglingen aus nicht der alte Kurhausweg durch den Wald, sondern die etwas längere Route zum «End der Welt» und über das «Ende» hinaus zur Hohmatt und über die Höhen von Les Prés de Macolin zum Twannberg gewählt wurde. Wiesen, Weiden, kleine Wälder, Gebüsche und Einzelbäume versetzen das Hochland von Les Prés de Macolin in eine bukolische Parklandschaft, wo man sich am liebsten für ein paar Stunden an einem der schön gelegenen Picknickplätze niederlassen möchte, hätte man nicht noch einen zweiten und dritten Teil der Wanderung eingeplant.

Der zweite Teil der Route wartet mit einer völlig neuen Szenerie auf: Steil aufragende Felsen, schäumende Wasserfälle, bemooste Höhlen und eine dschungelartige Vegetation versetzen die Besucherinnen und Besucher der Twannbachschlucht in eine abenteuerlich-romantische Stimmung. Dieses Naturerlebnis ist allerdings nicht gratis zu haben, wie man am unteren Ende der Schlucht feststellen wird, denn hier steht ein Kassenhäuschen, wo den Wanderinnen und Wanderern ein Obolus von zwei

Twannbachschlucht.

Rebberge am Bielersee. Im Hintergrund die Kirche von Ligerz.

Franken (Kinder Fr. 1.—) abverlangt wird. Immerhin wird mit dem Geld der Unterhalt des Felsenwegs durch die Schlucht gewährleistet.

Auf dem letzten Wanderabschnitt wechselt das Landschaftsbild nochmals vollständig. Nun schweift der Blick weit über den Bielersee, die Petersinsel, die Hügel des Berner Mittellandes und je nach Wetter bis zum Alpenkranz. Wir spazieren mitten durch die Rebberge auf alten, teils befestigten Feldwegen der freistehenden Kirche von Ligerz zu, die am Kreuzungspunkt der Kirchwege von Ligerz, Schernelz und Kleintwann errichtet worden war. Die Kirche, die auf heidnischen Ursprung zurückgeht, war vor der Reformation ein bekannter Pilgerort. Heute ist sie es noch immer, auch wenn die neuen «Pilger» eher profane Absichten haben. Von der prächtigen Aussicht aber sind immer noch alle begeistert.

Die Route digital für unterwegs.

**Schwierigkeit**
T1

**Strecke**
16 km

**Höhendifferenz**
360 m Aufstieg, 810 m Abstieg

**Wanderzeit**
4¼ Std.

**Ausgangspunkt**
Magglingen/Macolin (Standseilbahn)

**Endpunkt**
La Neuveville (Bahn/Schiff)

**Route**
Von der Bergbahn-Station in Magglingen hinüber zum Hotel Bellavista und gemäss Wegweiser zum «End der Welt» (Sportanlagen, Restaurant). Nach links hinauf zur Hohmatt (Bergwirtschaft, 1031 m), durch Wäldchen und über Weiden südwestwärts nach Les Prés de Macolin. Dann nach einem kurzen Waldstück bei P. 946 gemäss Wegweiser geradeaus Richtung Lamboing, einem Waldrand entlang abwärts zu einem Nebensträsschen (P. 862) und auf diesem südwärts bis zum Waldrand (P. 854). Nun auf einem alten Weg durch den Wald hinunter nach Les Moulins.

Nach links kurz auf der Strasse zum Glasatelier mit Bistro, dort nach rechts über den Twannbach und auf dem taxpflichtigen Wanderweg abwärts durch die Twannbachschlucht. (Achtung: Von November bis Ostern ist die Twannbachschlucht jeweils gesperrt. Umgehung auf der westlichen Schluchtseite nach Schernelz und zur Kirche Ligerz.)

Am Ausgang der Schlucht (Kassenhäuschen) nach rechts und auf dem Rebenweg zur Kirche Ligerz; dort weiter geradeaus zur Station Pilgerweg der Ligerz-Tessenberg-Bahn; vorsichtig das Trassee überqueren und weiter auf vorerst schmalem Pfad, dann auf Betonsträsschen nach La Neuveville. Durch die Altstadtgassen südwärts zum Bahnhof oder zur Schiffsstation.

**Varianten**
– Von Magglingen auf dem alten Kurhausweg zum Twannberg (Hotelanlage) und weiter zur Twannbachschlucht. Diese direktere Variante ist etwa 15 Min. kürzer, aber weniger abwechslungsreich (fast nur Wald).
– Von Biel via Gaicht zum Twannberg: Von der Talstation der Biel-Magglingen-Bahn gemäss

Blick in eine historische Gasse von La Neuveville.

Wegweiser zum Pavillon (P. 494) hinauf. Dort auf dem Wanderweg Richtung Tüscherz gehen. Nach 700 m halbrechts auf den oberen, nicht markierten Pfad einbiegen, an einem Picknickplatz vorbeigehen und kurz nach einer Wasserfassung nach rechts zu einer gelb markierten Waldstrasse (Hohfluhweg) hinaufsteigen und nach links gehen. Nach 100 Metern folgt eine Verzweigung, hier den Wanderweg Richtung Gaicht/Twannbachschlucht wählen. Unterhalb der Lichtung Nidauberg vorbei zu P. 609 (Pfafferplatte) und am Tüscherzberg vorbei zum oberen Rand der Siedlung Gaicht hinauf. Weiter auf gelb markiertem Weg zum Twannberg (864 m) hinauf oder direkt zu P. 855, wo man auf die Normalroute von Magglingen trifft.

– Die Wanderung in Twann oder Ligerz abbrechen (Bahn- und Schiffsstation).

### Verpflegung

– Magglingen: Restaurant Bellavista (Selbstbedienungsrestaurant des Sportzentrums; täglich geöffnet, mitunter zur Mittagszeit); Restaurant End der Welt (Di/Mi geschlossen), www.end-der-welt.ch; Bergwirtschaft Hohmatt (Mo/Di geschlossen), www.bergwirtschafthohmatt.ch
– Twannbachschlucht: Glasbläserei und Bistro (Mo/Di geschlossen), www.glas-atelier.ch
– La Neuveville: Mehrere Restaurants und Läden
– Variante Biel: Gaicht, Restaurant Tanne (Mo/Di geschlossen), www.tanne-gaicht.ch

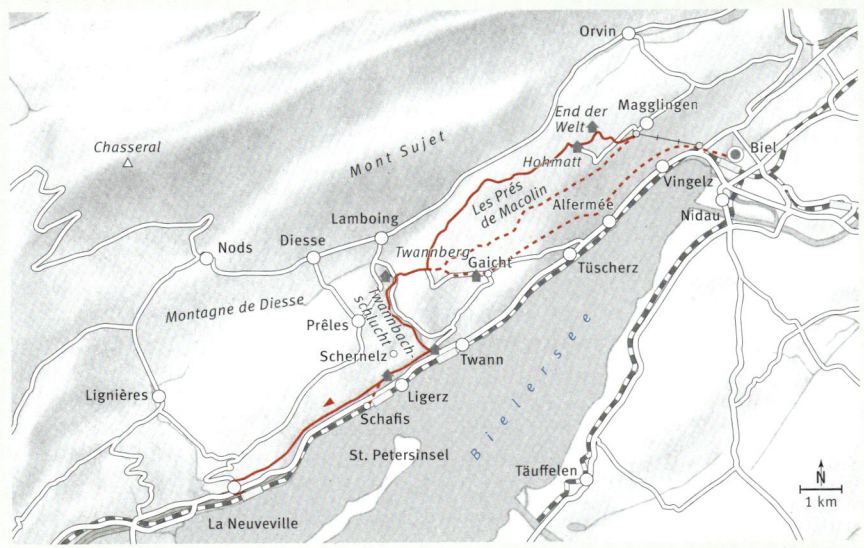

Von Villeret nach Les Prés-d'Orvin

## 26    **Le Chasseral**

Der König des Berner Juras, der Chasseral, ist durch seinen hohen Sendeturm weithin sichtbar und dank seiner umfassenden Aussicht auf die Alpenkette überaus populär.

Wenn im Spätherbst der Nebel über dem Mittelland wabert, strömen die Menschen in Scharen auf den Gestler, wie der Chasseral auf Deutsch heisst, räkeln sich an der Sonne und trinken ein Glas Chasselas. Der Wein hat allerdings nichts mit dem Chasseral zu tun, sondern mit einem Dorf im Burgund, wo die bekannte weisse Rebsorte ihren Ursprung haben soll.

Der abwechslungsreichste Aufstieg zum Chasseral führt von Villeret durch die wildromantische Combe Grède und über Juraweiden zum Gipfel. Dabei verläuft der gut gesicherte Pfad auf dem Grund einer tiefen Schlucht, an schroffen Felswänden vorbei, über urtümliche Felsblöcke hinweg, zeitweise im ausgetrockneten Bachbett, manchmal gar über Eisenleitern, steil empor zu einer Felsarena, über die ein bescheidener oder nach Regenfällen auch mächtiger Wasserfall stürzt. Hat man den Felsenkessel aber überstiegen, steht man unvermittelt auf einer romantischen Waldlichtung. Ein Brunnen plätschert, Kühe weiden und die Wandernden lassen sich zum Rasten nieder, bevor sie den teilweise morastigen Weg zum Hôtel Chasseral unter die Füsse nehmen.

Bereits im Jahr 1932 gründete der Kanton Bern den 12 Quadratkilometer grossen «Parc jurassien de la Combe-Grède/Chasseral». Es war eines der ersten Schutzgebiete des Kantons. Für die Aufsicht des Parks sorgt seither das Naturschutzinspektorat des Kantons Bern, für den Unterhalt der Wege ein Verein von Naturliebhabern aus dem Vallon de St-Imier und für finanzielle Unterstützung unter anderem die Pro Natura. Als im Jahr 1998 ein

‹
Der Abstieg nach Les Prés-d'Orvin ist weit, aber vergnüglich.

›
Der Aufstieg auf den Chasseral durch die Combe Grède ist recht beschwerlich.

neuer Steinbruch für ein Zementwerk bewilligt wurde, regte sich Widerstand. Viele Einheimische stellten sich die Frage nach der Zukunft des Chasseral. Denn Handlungsbedarf bestand nicht nur bei der Lenkung der sonntäglichen Autokolonnen und Wanderströme, sondern auch bei der langfristigen Erhaltung der Natur als Erlebnisraum und bei der Schaffung touristischer Angebote, die wirklich Einkommen brachten. 2002 entstand das Projekt «Regionalpark Chasseral». Eine Reihe von Teilprojekten, beispielsweise Massnahmen zugunsten des Auerhahns, Entrümpelung der Grotten, Ausschilderung der «Métairies», einheitliche Beschilderung der Mountainbike-Routen, wurde in Angriff genommen. Auch alle 29 Gemeinden innerhalb der Parkgrenzen machten beim Aufbau des Regionalparks aktiv mit. Im November 2011 hat der Regionalpark Chasseral nun die offizielle Anerkennung vom Bund erhalten.

Ob mit oder ohne Park-Label, die Wanderung über den Chasseralgrat hatte schon immer etwas Erhabenes, fast Paradiesisches – vor allem wenn das Nebelmeer über dem Mittelland liegt und alles Irdische überdeckt.

Die Route digital für unterwegs.

**Schwierigkeit**
T2

**Strecke**
18 km

**Höhendifferenz**
1040 m Aufstieg, 800 m Abstieg

**Wanderzeit**
5 ¾ Std.

**Ausgangspunkt**
Villeret (Bahn)

**Endpunkt**
Les Prés-d'Orvin, Bellevue (Bus)

**Route**
Beim Bahnhof Villeret (763 m) gemäss dem Schild «Chasseral par les Gorges de la Combe Grède» die Treppe hinunter und den gelben Wanderwegzeichen durch das Dorf folgen. Durch die Schlucht Combe Grède hinaufsteigen (weiss-rot-weisse Markierung, z. T. Leitern), dabei auf Steinschlag achten. Oben angekommen, beim Wegweiser Pré aux Auges (1276 m) nach rechts durch ein sumpfiges Tälchen und in einem grossen Bogen den steilen Hang empor zum Hôtel Chasseral (1548 m).
  Nun auf einem Teersträsschen hinauf zur Sendeanlage (Chasseral Signal, 1606 m). Durch die Anlage hindurch und über den langen Grat leicht abwärts nach Les Colisses du Haut (1337 m) und Clédar de Pierrefeu (1290 m) bis zum sogenannten Zentralplatz/Place Centrale (P. 1288). Nach 200 Metern halb rechts abzweigen und abwärts über baumbestandene Wiesen und Matten, später auf einem Strässchen, das durch einen lockeren, mit Ferienhäusern bestückten Wald nach Les Prés-d'Orvin (1006 m) hinunterführt.

Das Wahrzeichen des Chasseral, der riesige Sendemast, ist schon von Weitem zu sehen.

### Varianten
– Die Wanderung in St-Imier (Schnellzughalt) beginnen. Durch die Bahnhofunterführung auf einem Alleeweg zur Uhrenfabrik Longines hinunter, hinter dem Fabrikgebäude durch und auf einem Wanderweg ostwärts zum unteren Ende der Combe Grède (P. 812); 15 Min. länger.
– Bei der Wegkreuzung Clédar de Pierrefeu (1290 m) nach halb rechts zur Métairie de Prêles (Bergrestaurant) absteigen und durch ein Tälchen nach Les Prés-d'Orvin hinunterwandern; unwesentlich kürzer als die Normalroute.
– Vom Place Centrale weiter auf dem Hauptkamm Richtung Osten, an der Cabane du Jura (Jurahaus), Pré Carrel und La Ragie vorbei (steil) hinunter nach Frinvillier (571 m). Zeitaufwand: Abstieg 3 Std.; insgesamt 7 ¾ Std.

### Verpflegung
– Hôtel Chasseral, www.chasseral-hotel.ch
– Les Prés-d'Orvin: Restaurant Le Grillon (unregelmässig geöffnet), www.jeandrevin-legrillon.ch; Café und Lebensmittelgeschäft; Restaurant La Bragarde (abseits der Route; Mo/Di geschlossen), www.labragarde.ch
– Varianten: Métairie de Prêles (Mi/Do geschlossen), Telefon 032 322 00 13; Cabane du Jura, SAC-Biel (an Wochenenden bewartet), www.sac-biel.ch

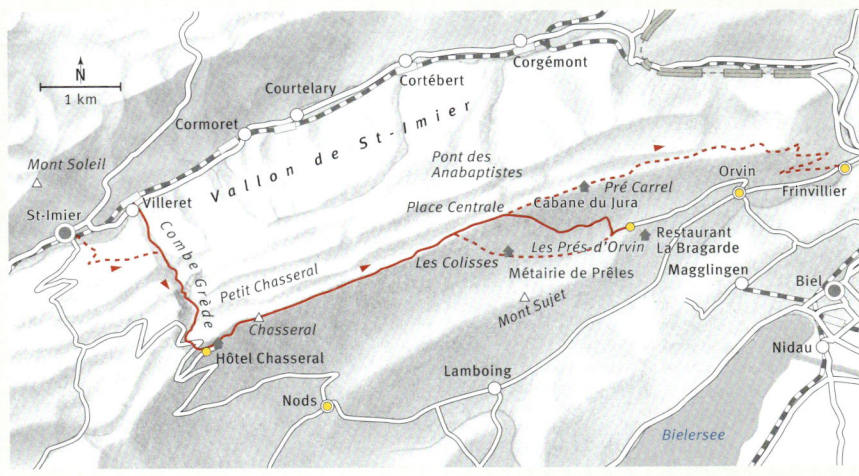

Von St-Imier nach Tramelan

## 27 Mont Soleil – Energie aus Wind und Sonne

Diese Wanderung ins Zentrum der alternativen Energieproduktion führt uns zur ältesten Solaranlage und zum grössten Windpark der Schweiz.

Der Mont Soleil heisst wohl so, weil hier die Sonne öfter scheint als unten im Vallon de St-Imier. Deshalb steht hier auch die grösste Solaranlage der Schweiz. Auf einem 20 000 Quadratmeter grossen Feld wurde 1992 das damals grösste fotovoltaische Sonnenkraftwerk Europas zu Forschungs- und Demonstrationszwecken errichtet. Mit einer Solarzellenfläche von über 4500 Quadratmetern werden jährlich rund 550 Megawattstunden Strom erzeugt. Daneben dient die Anlage auch der Forschung und der

Entwicklung neuer Technologien. Zwischen der Gesellschaft Mont-Soleil und der Ingenieurschule St-Imier besteht denn auch eine enge Zusammenarbeit. Die Solaranlage kann auf einem Erlebnispfad individuell oder mit einer Gruppenführung besichtigt werden.

Nicht nur die Fotovoltaikanlage auf dem Mont Soleil sprengt den schweizerischen Durchschnitt, auch ist die Windkraftanlage auf dem benachbarten Mont Crosin die grösste des Landes. Nicht weniger als 16 Windräder stehen auf dem Rücken der Montagne du Droit und wandeln den oft wehenden Wind in Strom um. Waren es in den 1990er-Jahren noch 8 mittelgrosse Windräder, die jährlich etwa 7—8 Gigawattstunden Strom produzierten, so leisteten die neuen 8 Rotoren, die im September 2010 aufgestellt wurden, im folgenden Jahr bereits das Vierfache, insgesamt rund 40 Gigawattstunden, was den Bedarf von 13 000 Haushaltungen deckte. Mit dem Ersatz der acht alten Windräder durch grössere, leistungsstärkere Rotoren konnte die Windstromproduktion bis 2020 gar verdoppelt werden. Natürlich können diese 16 Windräder noch lange kein AKW ersetzen, aber ein kleiner Anfang in Richtung atomfreie Energieversorgung der Schweiz ist gemacht. Allerdings stösst die Erstellung grosser Windanlagen vielerorts auf Widerstand. Hauptkritikpunkt ist der Landschaftsschutz. So wäre die Chasseral-Krete in Bezug auf die Windeffizienz besser geeignet als der Mont Crosin, doch die drehenden Rotoren könnten von Weitem — auch vom Mittelland aus — gesehen werden, was von vielen Leuten als störend empfunden wird. Im Übrigen steht die Chasseral-Kette auch im Bundesinventar der Landschaften und Naturdenkmäler von nationaler Bedeutung (BLN) und damit unter einem gewissen Landschaftsschutz. Auf dem Mont Crosin jedoch, der zu keinem BLN-Gebiet gehört, sind die weissen Windräder ein belebendes Landschaftselement, das von vielen Wandernden durchaus geschätzt wird. Wer noch mehr über alternative Energien, Solar- und Windanlagen, aber auch über Geologie und Klima, Hydrologie und Landschaftsformen wissen möchte, schaut sich die Informationstafeln zwischen Mont Soleil und Mont Crosin genauer an — und nimmt dann vielleicht aus Zeitnot den CJ-Bus nach St-Imier oder Tramelan.

‹
Bise de Corgémont.

Zwischen dem Mont Soleil und dem Mont Crosin steht der grösste Windpark der Schweiz.

Die Route digital für unterwegs.

**Schwierigkeit**
T1

**Strecke**
15,5 km

**Höhendifferenz**
350 m Aufstieg, 600 m Abstieg

**Wanderzeit**
4 Std.

**Ausgangspunkt**
St-Imier (Bahn)

**Endpunkt**
Tramelan (Bahn)

**Route**
Vom Bahnhof St-Imier den braunen Standseilbahn-Piktogrammen folgend zur Talstation und mit der Standseilbahn zum Mont Soleil hinauf. Den braunen Wegweisern «Sentier découverte, Mont Soleil–Mont Crosin, Centrales solaire et éolienne» folgen, an der Solaranlage vorbei zur Höhe des Mont Soleil (1291 m) hinauf; nun nordostwärts an mehreren Windrädern vorbei zum Chalet du Mont Crosin (1179 m) und auf der Strasse zur Passhöhe (1227 m) hinauf.

Dort nach rechts am Reservoir vorbei, vorerst auf schmalem Waldpfad, dann über Weiden zum Chalet Neuf (Bergwirtschaft); kurz auf breitem Weg, dann rechts und geradeaus ostwärts über die Weiden der Montagne du Droit bis zur Alpwirtschaft Bise de Cortébert (1162 m).

Nun nach links auf einem Strässchen bis zur Linkskurve (P. 1118), dort nach rechts, teilweise weglos über Weiden und durch Wäldchen hinunter nach Tramelan (887 m).

## Varianten
– Von St-Imier zu Fuss auf den Mont Soleil. Wanderzeit: 1 Std. 15 Min.
– Von der Haltestelle Mont-Crosin, restaurants mit dem Bus nach St-Imier oder Tramelan.
– Von der Passhöhe Mont Crosin in nordwestlicher Richtung über Les Envers nach Les Breuleux wandern (Bahnhaltestelle). Wanderzeit: ca. 1 Stunde.
– Bei P. 1118 nördlich von La Bise de Cortébert ostwärts weiter über die Montagne du Droit in 2 Std. 20 Min. nach Tavannes wandern. Gesamte Wanderzeit: 5 Std. 45 Min.

## Verpflegung
– St-Imier: Mehrere Restaurants und Einkaufsläden
– Mont Soleil: Restaurant-Hotel Le Manoir, www.restaurantlemanoir.ch

Gemütliches Wandern über die Weiden der Montagne du Droit.

– Mont Crosin: Chalet Mont-Crosin (Di/Mi geschlossen), www.chalet-montcrosin.ch
– Bergwirtschaft Chalet Neuf, Telefon 032 944 15 65
– La Bise de Cortébert (Mo/Di geschlossen), Telefon 032 487 41 86
– Tramelan: Mehrere Restaurants und Einkaufsläden

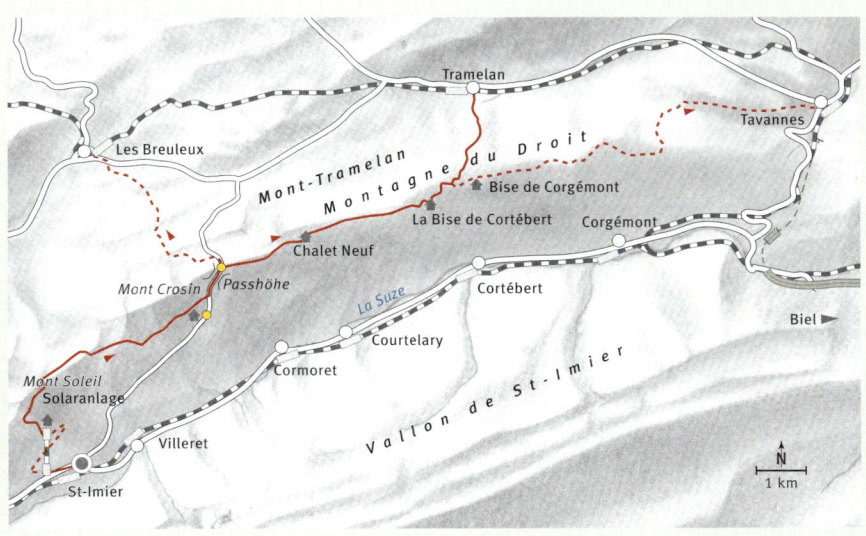

Idyllische Parklandschaft der Freiberge. Auf der Ebene von La Chaux-de-Tramelan.

Von Les Reussilles nach Saignelégier

## 28 Etang de la Gruère

Wer vom Ferienland Jura spricht, denkt wohl zuerst an die Freiberge – diese sanft gewellte Landschaft mit offenen Pferdeweiden, mächtigen Wettertannen, typischen Jurahäusern und einem unendlich weiten Himmel.

All dies kann man auf der vorgeschlagenen Wanderung von Les Reussilles nach Saignelégier erleben – und als Zugabe erst noch den berühmten Etang de la Gruère erforschen. Doch wird man dank des grossen Bekanntheitsgrades dieses Weihers kaum allein unterwegs sein. An schönen Sommerwochenenden spazieren ganze Heerscharen auf dem Holzschnitzelrundweg um den See. An Werktagen (ausgenommen Schulreisezeit) ist es ruhiger. Dann findet man eher noch ein unbesetztes Bänklein oder einen lauschigen Picknickplatz. Der Etang de la Gruère steht zwar unter Naturschutz, doch ist Picknicken und auch Baden erlaubt. Allerdings badet man in einem Moorsee, was man spätestens dann bemerkt, wenn man aus dem Wasser steigt. Schädlich sind die schwarzen Moorpartikel, die an den Härchen der Haut haften, aber nicht.

Der skandinavisch anmutende Weiher ist mit seinen acht Hektaren Wasserfläche einer der grössten Moorseen der Schweiz. Doch so urtümlich das Gewässer aussieht, der See ist künstlich. Er wurde 1650 aufgestaut, um die Wasserräder einer Mühle anzutreiben, denn der ursprüngliche Bach war zu schwach dazu. Später entstand auch eine Sägerei, die bis 1952 mit Wasserkraft betrieben wurde. Das Hochmoor hingegen ist echt. Es entstand nach dem Rückzug der Gletscher vor 12 000 Jahren in einer wasserdichten Geländemulde und erreichte vor 7000 Jahren seine grösste Ausdehnung. Seither wächst es nur noch in die Höhe. In der Kernzone ist die Torfmoosschicht acht Meter dick. Hier ist der extrem nährstoffarme Boden so vernässt, dass sich nur noch spezialisierte Moose und Moorpflanzen wie die Rosmarinheide oder der Sonnentau wohlfühlen. Beinahe wäre das Hochmoor 1942 wegen der kriegsbedingten Brennstoffknappheit zerstört worden. Bereits waren die Bagger aufgefahren, um den Torf abzubauen, als alarmierte Naturschützer das Vorhaben noch rechtzeitig stoppen konnten. Seit 1943 steht die Moorlandschaft unter Naturschutz. Weitere Informationen findet man im Naturmuseum in Les Cerlatez.

Etang de la Gruère.

Typische Jurahäuser in Les Cerlatez.

Nicht nur der berühmte Moorsee, die Freiberge insgesamt sind ein attraktives Wanderziel — vor allem dank ihrer harmonischen Kulturlandschaft. Als der Fürstbischof Imier von Ramstein zu Basel im Jahr 1384 in seinem Freibrief verkündete, dass «Einwanderer und ihre Nachkommen auf ihrem selbst gerodeten Grund und Boden für alle Zeiten von Zins und Zehnten befreit seien», zogen junge Siedlerinnen und Siedler aus dem Unterland in die Montagnes des Bois hinauf, wie die Freiberge damals hiessen, und rodeten die Waldgebiete. Die ersten Pioniere holzten vor allem die Laubbäume heraus, da deren vermodernde Blätter den Graswuchs behindern. Dagegen liessen sie einzelne Tannen als Schattenbäume stehen. So entstanden die charakteristischen Wytweiden, welche die reizvolle Parklandschaft der Freiberge ausmachen.

Was aber wäre die Kulturlandschaft der Freiberge ohne ihre typischen Häuser? Das traditionelle Jurahaus, wie wir es beispielsweise in Le Cernil oder Les Cerlatez finden, ist dem rauen Klima der Freiberge bestens angepasst. Unter dem grossen Satteldach vereinigt es Wohnung, Stall, Tenne und Vorratsräume. Dicke Aussenmauern aus Kalkbruchsteinen schützen vor Wind und Kälte. Auf dem wenig geneigten Dach bleibt der Schnee lange liegen und trägt ebenfalls zur Isolation des Hauses bei. Um im Winter möglichst viel Licht und Wärme einzufangen, sind auf der Südseite viele kleine Fenster angebracht, die dem Freiberger Haus ein freundliches Antlitz verleihen.

Die Route digital für unterwegs.

**Schwierigkeit**
T1

**Strecke**
12 km

**Höhendifferenz**
240 m Aufstieg, 270 m Abstieg

**Wanderzeit**
3 ¼ Std.

**Ausgangspunkt**
Les Reussilles (Bahn)

**Endpunkt**
Saignelégier (Bahn)

**Route**
Bei der Bahnhaltestelle Les Reussilles (1011 m) über die Kreuzung und auf der Strasse Richtung Les Genevez; nach 500 Metern links abbiegen und auf einem Wanderweg über einen flachen Hügel zum Weiler Le Cernil (1002 m). Dort nach rechts auf ein Nebensträsschen und bald (P. 1013) nach links über die Ebene von La Chaux-de-Tramelan; nach einem leichten Anstieg bei der Wegverzweigung nach links zum Hof Gros Bois-Derrière (1005 m). Nun weiter südwestwärts zum Hof

Trekking nach Western Art in den Freibergen.

La Petite Theurre und links hinunter zum Etang de la Gruère (997 m).

Entweder den kleinen See im Uhrzeigersinn umrunden oder rechts dem Ufer folgen und am westlichen Ende auf einem Kiesweg direkt zur Strasse nach La Theurre (1015 m). Die Strasse beim Restaurant überqueren und auf Wanderwegen über Wytweiden nach Les Cerlatez (1002 m).

Von dort weiter auf Nebensträsschen und Fusswegen den Wanderwegzeichen folgend zum Pferdezentrum von Saignelégier und durch das Dorf zum Bahnhof Saignelégier (982 m).

### Variante

Von Les Cerlatez nach Les Breuleux und unterwegs das Pferdezentrum Le Roselet besuchen: Auf einem eher langweiligen Nebensträsschen in südwestlicher Richtung zum Weiler Les Chenevières; dort leicht nach links, quer über eine Weide (kein Weg) und durch ein Wäldchen zu einem Haus (P. 991); nun scharf nach links zu den Stallungen von Le Roselet hinauf. Dann der Strasse entlang, später auf einem Weg nach Les Breuleux hinunter. Wanderzeit ab Les Cerlatez: 1½ Std.

### Verpflegung

– Les Reussilles: Restaurant de la Clef (So/Mo geschlossen), www.laclef.ch
– La Theurre: Auberge de la Couronne (Mo/Di geschlossen), www.couronne-latheurre.com
– Saignelégier: Mehrere Restaurants und Einkaufsläden

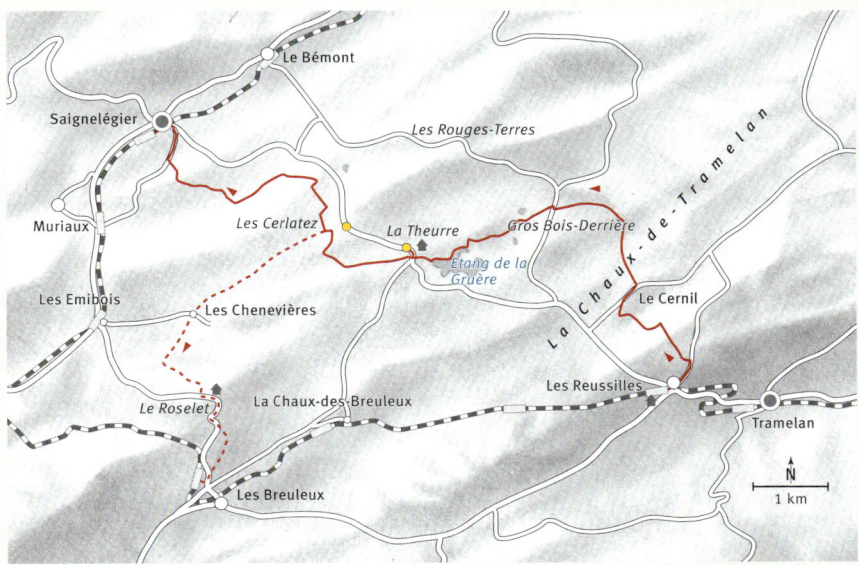

Von St-Ursanne nach Ocourt und zurück

## 29 Über den Lomont und dem Doubs entlang

Eine lange Wanderung mit einem Hinweg über weite, einsame Jurahöhen und einem Rückweg entlang des still dahinfliessenden Doubs.

St-Ursanne an der Kehrtwende des Doubs gehört zweifellos zu den schönsten mittelalterlichen Kleinstädten der Schweiz. Der Name geht auf den irischen Mönch Ursicinus, einen Gefährten des berühmteren Kolumban, zurück, der im frühen 7. Jahrhundert in der Gegend des Clos du Doubs den christlichen Glauben predigte. Über dem Grab des später heiliggesprochenen Eremiten errichteten Mönche ein Kloster, das 849 erstmals schriftlich erwähnt wurde. Um die Abtei entstand in den folgenden Jahrhunderten ein mittelalterliches Städtchen, das 1338 vom Fürstbischof von Basel das Marktrecht erhielt. Das herausragendste Gebäude von St-Ursanne ist die Stiftskirche, die im 12. bis 14. Jahrhundert im romanischen und gotischen Stil erbaut wurde. Ihre Krypta wird als besonderer Ort der Kraft geschätzt. Noch bekannter als der Stadtbegründer Ursicinus ist der heilige Nepomuk, welcher die alte Steinbrücke über den Doubs beschützt und als beliebtes Fotosujet für Touristen dient.

Man könnte noch lange in St-Ursanne verweilen, durch das Städtchen bummeln und die Forellen in den zahlreichen Fressbeizen geniessen, doch auch die Umgebung des malerischen Kleinods ist sehenswert. Nach einem nicht allzu langen Aufstieg über Weiden und durch Wälder und teilweise auf dem historischen Pruntruter Weg gelangen wir auf den Höhenrücken Lomont, welcher das Doubs-Tal von der Ajoie trennt. In der Ferne und oftmals im Dunst sind die Vogesen zu erkennen und noch etwas weiter weg der Schwarzwald. Auf der Südseite ziehen sich die Hügelzüge des Clos du Doubs und der Freiberge hin und ganz zuhinterst sieht man den Sendemast des Chasseral. Es ist still da oben, abseits der grossen Verkehrswege. Nur selten ist ein landwirtschaftliches Gefährt oder das Bellen eines Hundes zu hören. Erst im Abstieg nach Ocourt macht sich der Verkehrslärm gelegentlich wieder bemerkbar.

Beschaulich ist auch der Rückweg dem Doubs entlang nach St-Ursanne. Eine Ausnahme bilden allerdings die Wochenenden, wenn die Camping- und Picknickplätze voll belegt sind. Apropos Picknickplätze: Einer der einladendsten liegt am schattigen Ufer des Doubs, gegenüber von Ocourt, wie geschaffen für eine längere Mittagsrast. Doch kaum hatten wir unser Picknick ausgepackt, ertönte ein Glockengebimmel, das rasch lauter wurde und direkt auf uns zu kam. Sekunden später stand die erste Ziege beim Rucksack und die zweite auf dem Holztisch. Nichts wie weg also, denn Ziegen zeigen bekanntlich keinen Respekt vor fremdem Eigentum. Doch am Weg nach St-Ursanne gibt es ja noch andere schöne Plätzchen zum Picknicken.

‹
St-Ursanne
am Doubs.

Das Bauerndorf Ocourt.

Die Route digital für unterwegs.

**Schwierigkeit**
T1

**Strecke**
22 km

**Höhendifferenz**
670 m Aufstieg, 670 m Abstieg

**Wanderzeit**
6 Std.

**Ausgangs- und Endpunkt**
St-Ursanne (Bahn)

**Route**
Vom Bahnhof St-Ursanne (491 m) ins mittelalterliche Städtchen (437 m) hinunter. Durch das Westtor hinaus, kurz auf der Strasse Richtung St-Hippolyte und bei der ersten Strassenverzweigung nach rechts Richtung Porrentruy. Auf dem Trottoir bis zur ersten Linkskurve; dort nach rechts und Aufstieg über Weiden und durch Wälder und zum Schluss auf historischem Weg zum Col de la Croix (789 m).

Dort nach links auf dem Strässchen nordostwärts zum Hof Sur Plainmont (848 m). Nun südwest- und allmählich westwärts weiter über den Höhenrücken bis zum unbewaldeten Plateau Les Chainions (882 m); dabei unterwegs Abzweigungen nach Vacherie-Mouillard und Ocourt ignorieren. Bei Les Chainions nach links (südwärts) auf steilem Strässchen zum Gehöft Valbert hinunter und dann gemächlicher auf Naturwegen und Waldpfaden abwärts nach Ocourt (422 m).

Von Ocourt dem südlichen Ufer des Doubs entlang zurück nach St-Ursanne.

**Variante**
Mit dem Postauto von Ocourt nach St-Ursanne zurückfahren; minus 2 Std.

**Verpflegung**
St-Ursanne: Mehrere Restaurants und Lebensmittelläden

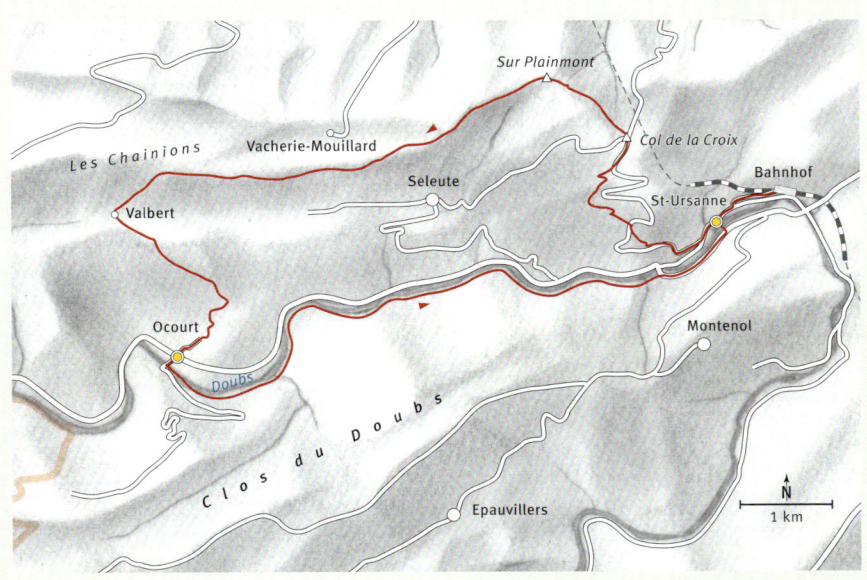

Von Chevenez nach Damvant

# 30 Die Grotten von Réclère

Am äussersten Rand der Schweiz liegt eine der grössten Höhlen unseres Landes. Die Grotte von Réclère ist vielleicht nicht die längste oder tiefste, aber wohl die voluminöseste Tropfsteinhöhle der Schweiz.

Riesige Stalaktiten mit fantasievollen Namen wie der «Mantel von Napoleon» hängen von der Decke, und noch grössere Stalagmiten erheben sich vom Boden, wie der 15 Meter hohe «Dom» oder die fein gemusterte «Pagode». Die märchenhafte Tropfsteinhöhle ist denn auch ein beliebtes Ausflugsziel, das mit einstündigen (zweisprachigen) Führungen besichtigt werden kann. Die zweite Attraktion von Réclère ist der Préhisto-Parc über der Höhle, wo sich Dinosaurier und andere Urtiere tummeln und die paläontologische Szenerie in einen «Jurassic Parc» verwandeln.

Neben dem Blick in die Tiefe und in die Vergangenheit bietet die Haute-Ajoie aber auch einen Blick in die Ferne. Die weiteste Aussicht hat man von der Anhöhe Faux d'Enson vom schwungvollen Aussichtsturm. Aber auch vom Weiler Roche d'Or bietet sich ein prächtiges Panorama über die Ajoie und die Region Belfort bis zum blauen Band der Vogesen. Ein Mosaik von gelben Feldern, grünen Wiesen, dunklen Wäldern und verstreuten Dörfern liegt einem sozusagen zu Füssen. So lässt sich die Aussicht geniessen, leicht abgehoben mit einem Glas Wein auf der Terrasse des Restaurants Bellevue! Doch trotz der paradiesischen Lage leben immer weniger Menschen hier oben. Hatte Roche d'Or im Jahr 1850 noch 128 Einwohner, waren es im Jahr 2000 gerade noch 33 — zu wenig, um die Administration und die Infrastruktur einer ganzen Gemeinde aufrechtzuerhalten. 2009 fusionierte Roche d'Or mit Chevenez, Damvant und Réclère zur neuen Gemeinde Haute-Ajoie. Rocourt hingegen blieb unabhängig.

‹
Unendlich weit geht der Blick von Roche d'Or über die Ajoie Richtung Montbéliard.

›
Faszinierende Tropfsteine in der Grotte von Réclère.

Vor dem Weiterwandern zur berühmten Höhle von Réclère empfiehlt sich noch ein kurzer Besuch in der Kapelle von Roche d'Or. Das unscheinbare Gotteshaus entpuppt sich im Innern als kleines Bijou. Der schlichte, mit viel Holz gestaltete Raum besticht durch seine klaren, einfachen Formen. Sein Schmuckstück aber sind die wunderbaren, farbigen Kirchenfenster mit den abstrahierten Darstellungen von Yves Riat. Der Künstler lebt heute im Nachbardorf Chevenez. Die Gestaltung von Kirchenfenstern hat im vergangenen Jahrhundert im Jura eine Hochblüte erlebt. Fast jede Dorfkirche wartet mit ausserordentlichen Glasmalereien auf. Mehr Details zu den berühmten jurassischen Kirchenfenstern erfährt man unter www.juravitraux.ch.

Die Route digital für unterwegs.

**Schwierigkeit**
T1

**Strecke**
16 km

**Höhendifferenz**
600 m Aufstieg, 470 m Abstieg

**Wanderzeit**
4 ½ Std.

**Ausgangspunkt**
Chevenez, place la Grangette (Bus)

**Endpunkt**
Damvant, église (Bus)

**Route**
In Chevenez (481 m) vom Platz La Grangette Richtung Rocourt gehen, am Kreisel vorbei, nach 50 Metern rechtwinklig nach links ins Strässchen namens Sur la Roche abzweigen, auf dem mit Alleebäumen gesäumten Weg nach Les Champs aufsteigen, wo man auf den Wanderweg trifft, der durch grosse Wälder zur Wiese Sur les Roches (ca. 910 m) und zur Landesgrenze hinaufführt.

Nach rechts, der Landesgrenze entlang bis zum Waldende; hier entweder geradeaus über grosse Weiden oder auf einem kaum markierten Wanderweg nach rechts bis zu einer Baumhecke, dort nach links auf einem Grasweg zum Gehöft La Vacherie Dessus (867 m). Nun wieder auf gelb markierten Wegen und Pfaden zum Aussichtsturm Faux d'Enson (927 m).

Auf demselben Weg zurück und auf einem Strässchen nach Roche d'Or (837 m) hinunter. Auf der Strasse Richtung Rocourt bis zur scharfen Rechtskurve; dort nach links auf Wanderwegen durch Wald und über Weiden zu den Grottes de Réclère (658 m) hinunter.

Auf einem oftmals sumpfigen Waldweg und zuletzt über Felder und Matten nordwestwärts nach Damvant (609 m).

**Variante**
Statt in Chevenez in Rocourt starten und direkt nach Roche d'Or hinaufwandern; 1½ Std. kürzer, aber ohne Grenzwanderung und ohne Aussichtsturm Faux d'Enson.

**Verpflegung**
– Chevenez: Restaurant du Cheval Blanc, www.lechevalblanc-chevenez.ch
– Roche d'Or: Auberge Bellevue (Mo/Di geschlossen), www.roche-dor.ch

- Grottes de Réclère: Hôtel Restaurant Camping Les Grottes (April–November geöffnet), www.camping-restaurant-les-grottes.ch
- Damvant: Restaurant de la Poste (Küche: Do–Sa; Bar und Verkaufsladen täglich geöffnet), www.restaurant-la-poste-damvant.ch

Vom Aussichtsturm Faux d'Enson oberhalb Roche-d'Or geniesst man ein 360-Grad-Panorama bis zur Burgunderpforte im Norden und an klaren Tagen bis zu den Berner Alpen im Süden.

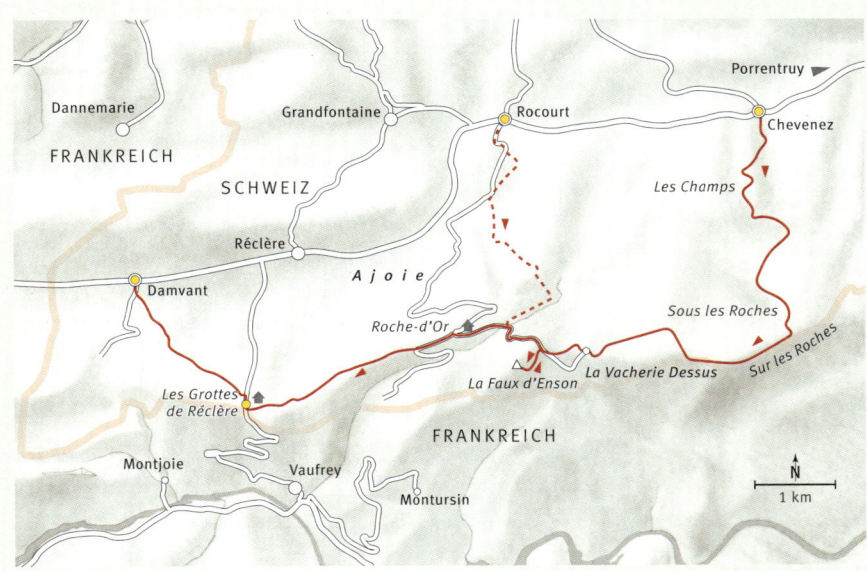

Von Saignelégier nach Goumois

# 31 Arête des Sommêtres und Le Theusseret

Eine Wanderung der Gegensätze: Erst schlendernd über die leicht gewellte Landschaft der Freiberge, dann der Blick in die Tiefe auf einer scharfkantigen Krete mit steilem Abstieg zum Doubs, und zum Schluss geht es geruhsam dem stillen Wasser entlang.

Es liegt auf der Hand, dass die Restaurants am Doubs den Fisch zuoberst auf der Speisekarte führen, denn das Tal des Doubs ist ein eigentliches Anglerparadies. In regelmässigen Abständen begegnet man den Petri-Jüngern mit ihren langen Angelruten im knietiefen Wasser. Sie alle stehen jedoch auf französischem Boden, denn die Landesgrenze verläuft nicht wie üblich in der Mitte des Flusses, sondern am Schweizer Ufer. Diese Grenzregelung geht auf einen Vertrag aus dem Jahr 1780 zwischen dem französischen König und dem Fürstbischof von Basel zurück. Somit gehört der Doubs zwischen Biaufond und Soubey samt seinen Fischen bis heute zu Frankreich.

Ein beliebter Fisch ist die einheimische Doubs-Forelle, eine Unterart der Bachforelle. Man findet sie allerdings eher selten in den Fischrestaurants, da sie von den Anglern lieber selbst verspeist wird. Noch seltener ist der *Roi du Doubs,* ein naher Verwandter des Egli, der im Clos du Doubs heimisch ist und wegen der Kraftwerkbauten keine Möglichkeit hat, sich mit seinesgleichen flussabwärts in Frankreich zu treffen. Sowohl die Gewässerverschmutzung — möglicherweise durch Industrieabwässer aus dem Raum Pontarlier hervorgerufen — als auch die grossen Wasserstandschwankungen der Flusskraftwerke setzen dem streng geschützten Fisch erheblich zu. In einer eidgenössischen Studie aus dem Jahr 1999 wurden nur noch knapp 160 erwachsene Tiere gezählt. Ob die kleine Population des *Roi du Doubs* überlebt, hängt nicht zuletzt auch von den Behörden der Schweiz und Frankreichs ab, die sich endlich ernsthaft mit dem Problem der Gewässerverschmutzung des Doubs befassen sollten, wie Fischereikreise aus beiden Ländern regelmässig monieren.

Besser geschützt ist der Wald von Le Theusseret. Wegen seiner steilen Hanglage wird er seit einem halben Jahrhundert nicht mehr genutzt. Auf

‹ Die Arête des Sommêtres.

› Der «Gorilla» von Goumois.

Das alte Restaurant du Theusseret im engen Tal des Doubs.

dem kalkig-feuchten Boden am Schattenhang hat sich im Laufe der Zeit ein naturnaher Buchen-Weisstannen-Wald entwickelt, wo unter anderem auch der seltene Hirschzungenfarn zu finden ist. Das Waldreservat umfasst insgesamt 128 Hektaren.

Die Route digital für unterwegs.

**Schwierigkeit**
T2

**Strecke**
11 km

**Höhendifferenz**
300 m Aufstieg, 790 m Abstieg

**Wanderzeit**
3¼ Std.

**Ausgangspunkt**
Saignelégier (Bahn)

**Endpunkt**
Goumois, douane (Bus)

**Route**
Vom Bahnhof Saignelégier (982 m) kurz ostwärts bis zur Rue de la Gruère, nach rechts und gleich darauf ins Strässchen zum Marché-Concours einbiegen; am Pferdezentrum vorbei auf einem Feldsträsschen über Land zur Bahnhaltestelle von Muriaux (962 m).

Auf einer Brücke über Bahn und Strasse und gemäss Markierungen hinauf nach Les Sommêtres (1074 m). Hier lohnt sich ein halbstündiger Abstecher zur Arête des Sommêtres mit der Ruine de Spiegelberg und der spektakulären Aussicht auf das Doubs-Tal (T1–T2).

Kurz nach Les Sommêtres nach rechts in ein Tälchen hinunter und unterhalb der Sommêtres-Krete westwärts hinüber bis Chez le Bôle. Nun über kleine Felspassagen, die mit Ketten und Eisenleitern gesichert sind (T2), den steilen Wald hinunter zum Doubs und zum Restaurant du Theusseret (507 m). Flussabwärts dem Doubs entlang bis Goumois (493 m).

**Variante**
Die Wanderung in Muriaux statt in Saignelégier beginnen; 40 Min. kürzer.

**Verpflegung**
– Saignelégier: Mehrere Restaurants und Lebensmittelläden
– Le Theusseret: Restaurant du Theusseret (Di/Mi geschlossen), letheusseret.blogspot.com
– Goumois (CH): Hôtel du Doubs (Di geschlossen), www.hoteldudoubs.ch
– Goumois (F): Mehrere Restaurants

Am Doubs bei Le Theusseret.

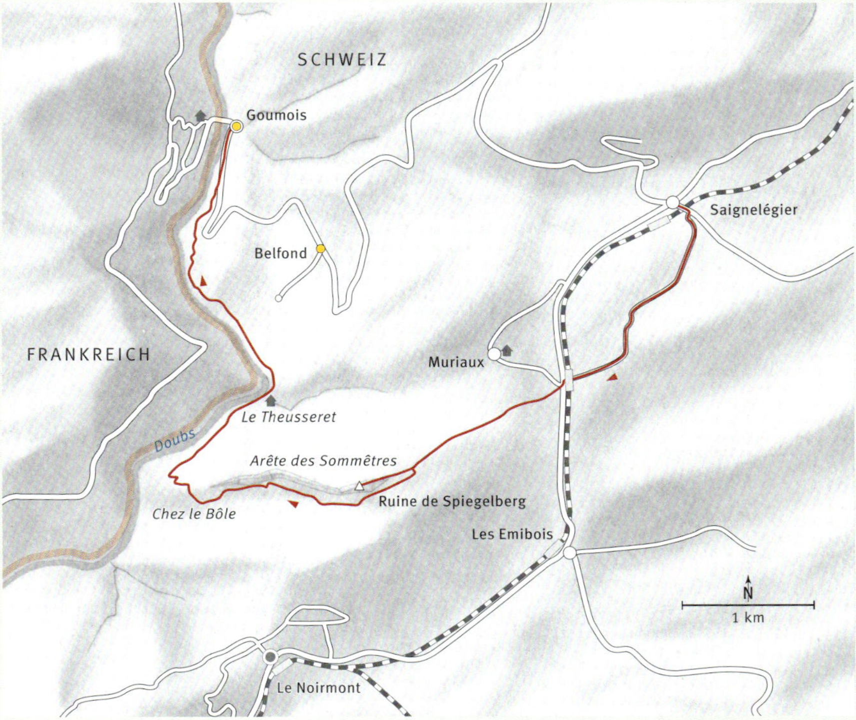

Creux du Van.

# Neuenburger Jura

Von La Ferrière nach La Maison-Monsieur

# Biaufond

Von der Horizontalen in die Vertikale – oder vom Plateau der Freiberge ins tiefe Tal des Doubs. Dabei steigt man durch eine wild-romantische Schlucht, die im Grenzort Biaufond mündet.

Biaufond hat nicht nur eine Brücke nach Frankreich zu bieten, sondern auch eine besondere Grenzsituation. Mitten im gestauten Doubs steht der uralte Bistumsstein, wo nicht nur die drei Bistümer Basel, Lausanne und Besançon zusammentreffen, sondern auch die Kantone Neuenburg und Jura sowie Frankreich. Das Besondere aber ist, dass dem Kanton Bern nur gerade 200 Meter bis zum Bistumsstein fehlen, womit ein seltenes

Vierländereck enstanden wäre. Dank den 200 Metern aber bleibt Bern ein Binnenkanton.

Die Doubs-Grenze bei Biaufond war schon in der frühen Neuzeit für das Fürstentum Neuenburg von grosser Bedeutung, denn an diesem Flussabschnitt befand sich der wichtigste Übergang zur Freigrafschaft (Franche-Comté) und nach Montbéliard. Im Jahr 1494 befahl der Graf von Neuenburg, den Uferbereich beim heutigen Maison Monsieur zu roden und eine permanente Zollstelle zu errichten. Auch eine Brücke über den Doubs war an dieser Stelle geplant, wurde aber nie realisiert. 1545 wurde die einfache Zöllnerhütte durch ein Haus aus Stein ersetzt, in dem sich zeitweise auch der Graf persönlich aufhielt. Seither spricht man vom «Maison à Monsieur» oder kurz: «Maison Monsieur». Der Zöllner hatte neben dem Einziehen der Zollgebühren auch die Aufgabe, Personen und Waren sicher ans andere Ufer des Doubs zu bringen und suspekte Individuen den fürstlichen Behörden zu melden. Als suspekt galten jegliche Schlingel, Diebe, Schächer, Blasphemiker und andere Personen mit schlechtem Lebenswandel, wie aus einem Amtseid für neuenburgische Zollbeamte aus dem Jahr 1662 überliefert wird. Immer wieder kamen auch politische Flüchtlinge über die Grenze. Im Jahr 1793 flohen Royalisten aus der benachbarten Freigrafschaft vor dem Terror der Französischen Revolution, im Jahr 1870 französische Truppen vor den deutschen Einheiten und ein Jahr später Mitglieder der Pariser Kommune vor der staatlichen Repression. Im Jahr

‹
Der Urwald der Combe de Biaufond.

›
Der kleine Waldsee Cul des Prés.

1880 beschloss schliesslich der Grosse Rat des Kantons Neuenburg den Bau einer Brücke bei Biaufond, worauf die Zollstation von Maison Monsieur obsolet wurde. Seither wird das alte, mehrfach renovierte Steingebäude als Restaurant genutzt.

Die Wanderung hinunter an den Doubs lohnt sich aber nicht nur wegen der eindrücklichen Landschaft im engen Doubs-Tal, sondern auch wegen der spektakulären Schlucht zwischen dem «Cul des Prés» — welch vulgärer Name für einen verträumten Waldweiher! — und Biaufond. Dank massiven Eisenleitern und hochwassersicheren Holzstegen kann die Combe de Biaufond aber gefahrlos begangen werden. Das breit ausgewaschene Bachbett ist allerdings an vielen Tagen steintrocken, wodurch die wilde Schlucht mit ihren moosbehangenen Bäumen noch unwirklicher erscheint, als sie ohnehin schon ist.

Die Route digital für unterwegs.

**Schwierigkeit**
T2

**Strecke**
10 km

**Höhendifferenz**
170 m Aufstieg, 555 m Abstieg

**Wanderzeit**
2¾ Std.

**Ausgangspunkt**
La Ferrière (Bahn)

**Endpunkt**
La Maison-Monsieur, bif. (Bus)
Achtung: Das Postauto nach La Chaux-de-Fonds fährt nur im Sommerhalbjahr, wenige Kurse.

**Route**
Von der Bahnhaltestelle La Ferrière hinüber zum Restaurant Logis de la Licorne und gleich neben dem Haus nach links; den Wanderwegzeichen folgend um eine Freiluft-Autogarage herum und abwärts über Wiesen und durch einen Wald zur Combe du Valanvron. Talabwärts durch das Waldtal zum Weiher Cul des Prés (799 m); dann über Eisenleitern und auf Holzstegen durch die Combe de Biaufond zum gestauten Doubs bei Biaufond (610 m).

Leitern und Stege führen durch die Combe de Biaufond.

Über die Zollbrücke auf die französische Seite hinüber; nach wenigen Metern scharf nach links und auf meist schmalen Fusspfaden dem Doubs entlang aufwärts bis La Rasse. Hier über eine Fussgängerbrücke zurück auf die Schweizer Seite und weiter nach La Maison-Monsieur (Buvette und altes Gasthaus); von dort in 10 Min. zur gleichnamigen Postautohaltestelle.

### Variante
— In La Chaux-de-Fonds starten: Vom Bahnhof mit dem Bus Nr. 12 zur Endstation La Joux-Perret. Auf einem Strässchen am linken Rand des grossen Steinbruchs vorbei durch ein Waldtälchen zur ARA/STEP und weiter auf schmalen Pfaden durch die Combe du Valanvron bis zum Holzplatz, wo man auf die Normalroute von La Ferrière trifft (Wanderzeit: 1¼ Std.). Der erste Abschnitt bis zur ARA ist langweilig, der zweite recht urtümlich.

— Von La Maison-Monsieur nach La Chaux-de-Fonds: Dem Doubs entlang flussaufwärts bis Chez Bonaparte; dort nach links den bewaldeten, felsigen Steilhang hinauf, an einer Aussichtskanzel vorbei nach Les Joux-Derrière (Postautohaltestelle). Von dort über einen sanften Hügel zum nordöstlichen Rand der Stadt La Chaux-de-Fonds; zu Fuss oder mit dem Bus ins Stadtzentrum.

### Verpflegung
— Biaufond: Maison Biaufond (So geschlossen, Reservation obligatorisch), Telefon 032 968 60 60, www.maison-biaufond.ch
— La Maison-Monsieur: Buvette Le Caprice (Mo/Di geschlossen), Telefon 032 986 23 38; Maison Monsieur (Wiedereröffnung ca. Herbst 2023), www.maisonmonsieur.ch

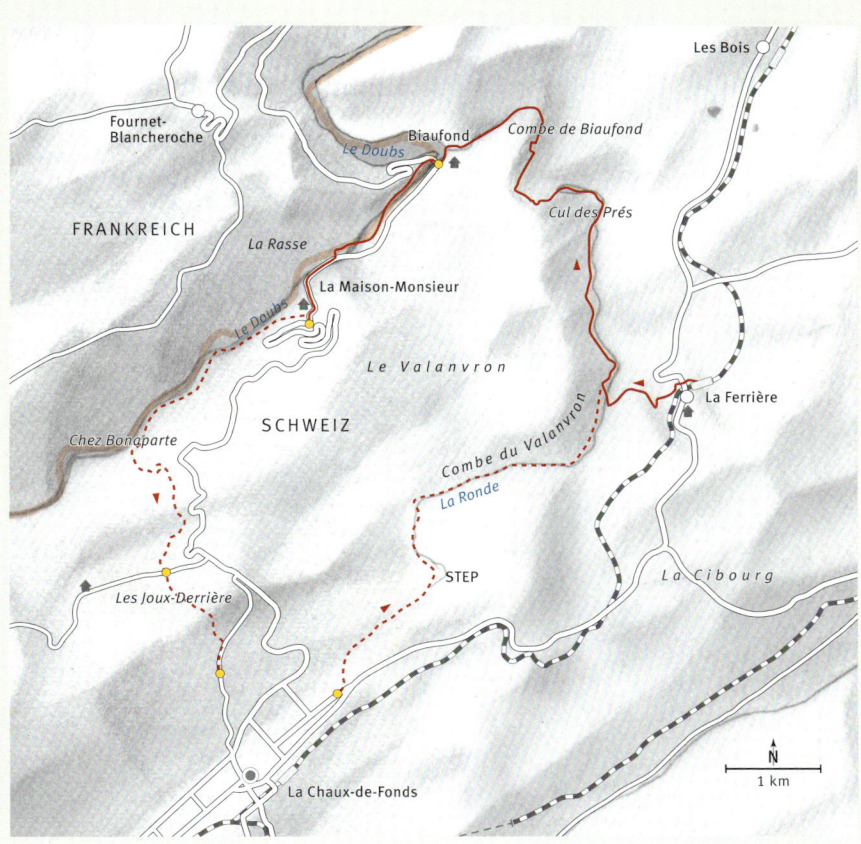

Von Les Brenets nach La Maison-Monsieur

# Saut du Doubs

Eine wunderbare Wanderung entlang des wohl eigenwilligsten Flusses der Schweiz.

Die Römer nannten ihn *dubiosus:* der Zweifelhafte. Von Frankreich her kommend, fliesst der Doubs erst entschlossen nordostwärts. In St-Ursanne macht er linksum kehrt und fliesst den ganzen Weg wieder zurück, um sein Wasser über die Saône ins Mittelmeer zu ergiessen. Vom Lac des Brenets bis Soubey bildet der Doubs die Grenze zu Frankreich — eine sehr markante Grenze in einem tief eingeschnittenen Tal. Weder Strasse noch Bahn führen durch diesen Canyon, nur zwei Wanderwege, einer auf der französischen und einer auf der schweizerischen Seite. Einen Tag lang nur Wasser und Wald, Ruhe und Erholung erleben! Den kräuselnden Wellen zuschauen, nach glitzernden Fischen haschen, dem Säuseln des Windes lauschen und sich auf den warmen Uferfelsen räkeln! Doch Halt, allzu lange darf man sich nicht in der Naturlandschaft des Doubs verlieren, denn der Weg nach La Maison-Monsieur oder gar bis Biaufond ist weit, und das letzte Postauto fährt um halb fünf, am Wochenende im Juli und August um halb sieben und im Winter gar nicht.

Die bekannteste touristische Attraktion des Doubs-Tals ist zweifellos der Lac des Brenets mit dem Saut du Doubs. In Frankreich gilt der Wasserfall gar als einer der mächtigsten des Landes. Zwei nationale Schifffahrtsgesellschaften zirkulieren im Sommer auf dem kleinen Gewässer. Wer sich vom Seeufer unterhalb von Les Brenets zum Restaurant Saut-du-Doubs tuckern lässt, erfährt viel Wissenswertes; beispielsweise, dass der Lac des Brenets ein natürliches Gewässer ist und der Seespiegel um nicht weniger als 22 Meter schwankt, was je nachdem zu Überschwemmungen oder Anlegeproblemen für die Schifffahrt führt, oder dass der felsige «Preussen-

‹
Lac des Brenets.

›
Beim Saut du Doubs stürzt der Fluss über eine Felskante.

kopf» vor einigen Jahren seine Nase verloren und der «Kopf von Calvin» ein Loch hat, durch das man hindurchkriechen kann und einen prächtigen Ausblick auf den See hat.

Unterhalb des Saut du Doubs nehmen die zivilisatorischen Zeichen rasch ab. Vorerst gibt es zwar noch ein Strässchen, das dem ziemlich unansehnlichen Lac de Moron entlang führt, und die halbrunde Staumauer von Châtelot, danach ein einsames Haus mit einer bizarren Velo-Skulptur und weiter unten, inmitten der Waldwildnis, einen Hinweis auf historische Mühlen. Im 16. Jahrhundert erhielt ein gewisser Herr Othenin Bersot die Genehmigung, hier eine Getreidemühle, eine Sägerei und eine «Rabatte» (einfache Mühle) zu erstellen. Später kamen weitere Mühlen und eine Hammerschmiede hinzu. In der ersten Hälfte des 18. Jahrhunderts wurde der abgelegene Ort gar zu einem kleinen Industriepark mit vier Mühlen, zwei «Rabattes», einer Sägerei und einer Schmiede mit vier Hämmern. Doch im 19. Jahrhundert wurden die Anlagen aufgegeben und seit 1880 dem Zerfall überlassen.

Die Route digital für unterwegs.

**Schwierigkeit**
T1–T2

**Strecke**
19 km

**Höhendifferenz**
570 m Aufstieg, 780 m Abstieg

**Wanderzeit**
5½ Std.

**Ausgangspunkt**
Les Brenets (Bahn)

**Endpunkt**
La Maison-Monsieur, bif. (Bus)
Achtung: Das Postauto nach La Chaux-de-Fonds fährt nur im Sommerhalbjahr, wenige Kurse.

**Route**
Beim Bahnhof Les Brenets gemäss Wegweiser an der Schule vorbei, der Hauptstrasse entlang bis zur scharfen Linkskurve. Dort einen steilen, geteerten Weg hinunter und auf dem asphaltierten Strässchen zum Restaurant Saut-du-Doubs. Zehn Minuten später erreicht man den bekannten Wasserfall (Aussichtspodest).

Zurück auf dem Strässchen, wählt man den linken, unteren Wanderweg, der dem nussgipfelförmigen Lac de Moron entlang zur Staumauer von Le Châtelot führt.

Durch einen Fussgängertunnel gelangt man von hier ins enge Doubs-Tal hinunter. Streckenweise auf schmalen Pfaden geht es zum nächsten Wasserkraftwerk (Usine du Châtelot) und weiter via Les Graviers (Buvette) und Chez Bonaparte nach La Maison-Monsieur.

**Varianten**
– Statt auf dem Asphaltsträsschen zum Restaurant Saut-du-Doubs marschieren, von Les Brenets zum See hinunter und mit dem Schiff zum Saut du Doubs fahren (Infos: www.nlb.ch).
– Das Doubs-Tal vor La Maison-Monsieur verlassen und entweder von Les Graviers nach Les

Joux-Derrière, La Grébille (Postautohaltestelle) oder von Bonaparte nach Les Joux-Derrière, anc. collège (Postautohaltestelle) aufsteigen und nach La Chaux-de-Fonds fahren; beide Aufstiege: 1 Std. 15 Min.
– Von La Maison-Monsieur weiter nach Biaufond (Guesthouse) wandern; zusätzlich 50 Minuten (siehe Wanderung 32).

Verpflegung
– Les Brenets: Café-Restaurant de la Place (Di geschlossen), www.laplace-cafe-restaurant.ch; Bar Le Passiflore, www.lepassiflore.ch; Lebensmittelladen
– Restaurant Saut-du-Doubs, www.saut-du-doubs.ch
– Restaurant Halte du Châtelot (unregelmässige Öffnungszeiten), Telefon 032 913 12 51
– La Maison-Monsieur: Buvette Le Caprice (Mo/Di geschlossen), Telefon 032 986 23 38; Maison Monsieur (Wiedereröffnung ca. Herbst 2023), www.maisonmonsieur.ch

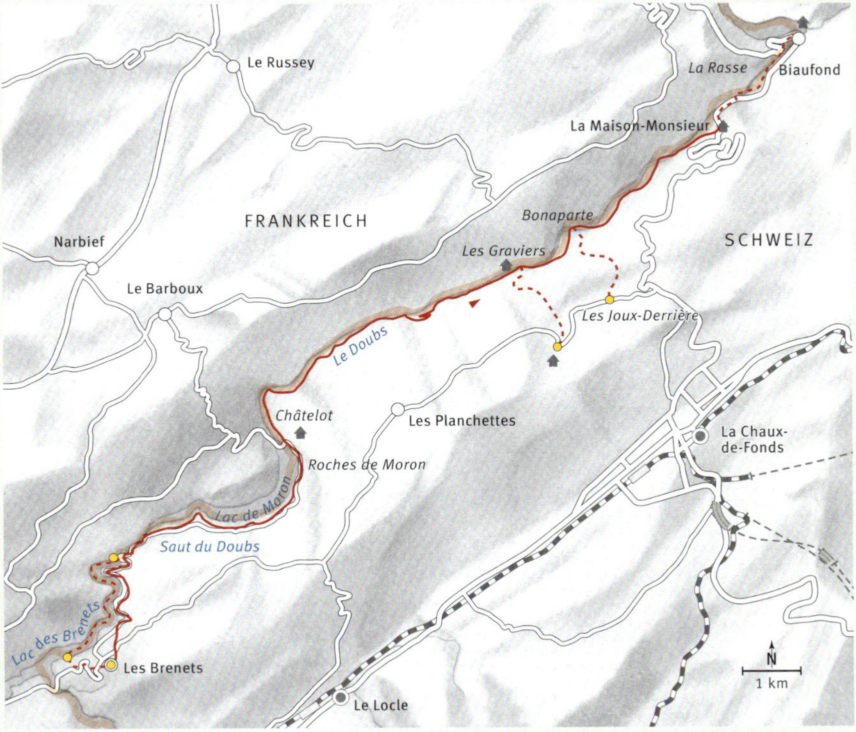

Stundenlang durch ein einsames Waldtal dem rauschenden Doubs entlangwandern.

Pferde im Abendlicht bei Petit Sommartel.

Von La Chaux-de-Fonds nach Les Ponts-de-Martel

## Communal de la Sagne

Diese Wanderung über den Communal de la Sagne dürfte für viele Neuland sein. Weit weniger spektakulär als die berühmten Aussichtspunkte des Neuenburger Jura, fristet der Höhenrücken zwischen den Hochtälern von La Chaux-de-Fonds und La Sagne ein sympathisches Mauerblümchendasein.

Doch gerade diese geringe Beachtung durch Touristenströme hat dem Hügelzug die typische Juralandschaft erhalten. Wytweiden mit mächtigen Tannen, trockene Matten, ein paar helle Felsen und natürlich Pferde — wie in den Freibergen! Andererseits ist der Communal de la Sagne auch ein beliebtes Naherholungsziel für die Bewohnerinnen und Bewohner aus La

Chaux-de-Fonds und Le Locle. An schönen Wochenenden strömen Dutzende von Ausflüglerinnen und Ausflüglern auf den Höhenrücken und lassen sich links und rechts des Strässchens zum Picknicken nieder. Allerdings ist die Bewegungsfreiheit der automobilen Ausflügler ziemlich eingeschränkt, denn Motorfahrzeuge dürfen nur maximal fünf Meter von der Strasse entfernt abgestellt werden. Sonst drohen, gemäss einer Warntafel, «unangenehme Massnahmen».

Kaum hatten wir La Chaux-de-Fonds verlassen, blickten wir nochmals zurück auf die Stadt und waren fasziniert: eine urbane Insel mit 37 000 Einwohnern inmitten von Weiden und Wäldern, quasi autark, ohne ausfransende Agglomeration! Nach dem verheerenden Grossbrand von 1794 wurde La Chaux-de-Fonds im Zeitgeist der Aufklärung nach rationalen Plänen wiederaufgebaut. Ausgehend vom Rathausplatz, wo sich die beiden Hauptverkehrsachsen kreuzen, sah der Stadtplan von 1835 ein rechtwinkliges Strassennetz mit hangparallelen Längsstrassen in Ost-West-Richtung und kurzen Querstrassen vor. Um Grossbrände künftig zu verhindern, baute man die 4- bis 5-stöckigen Wohnhäuser aus Stein und in gebührendem Abstand zueinander oder stattete die Reihenhäuser mit Brandmauern aus. Man bemühte sich aber auch um eine optimale Wohnqualität. Deshalb wurden die langen Häuserzeilen am Südhang stufenweise so übereinander gebaut, dass möglichst viel Sonnenlicht auf die Wohnungen fiel. Auf der Südseite der Häuser liess man Platz für einen Gemüsegarten

Hochmoor von Les Ponts-de-Martel.

Kunstvolle Trockenmauern unterteilen die Weiden auf der Allmend von La Sagne.

oder Rasen frei, danach folgten das Trottoir, die Strasse und die nächste Häuserzeile. Der intensive Wohnungsbau war notwendig, denn La Chaux-de-Fonds entwickelte sich im Laufe des 19. Jahrhunderts zum grössten Uhrenproduzenten der Welt. Um 1900 stammte jede zweite weltweit verkaufte Uhr aus der jurassischen Uhrenmetropole.

Les Ponts-de-Martel, das wie eine Miniaturausgabe von La Chaux-de-Fonds aussieht, verdankt seinen Namen dem ehemals grössten Hochmoor der Schweiz. Heute sind von den ursprünglich 1500 Hektaren Moor noch 170 Hektaren übrig geblieben. Der Name «Martel» wird von französisch «marais», Moor, hergeleitet, und die «Ponts» sind die Holzstege, die im sumpfigen Gelände aufgebaut wurden, um die Hochebene zu überqueren. Ein interessanter Lehrpfad namens «Les Tourbières» zeigt die Entstehung des Hochmoors nach der letzten Eiszeit und den Torfabbau der vergangenen Jahrhunderte.

Die Route digital für unterwegs.

**Schwierigkeit**
T1

**Strecke**
16 km

**Höhendifferenz**
580 m Aufstieg, 560 m Abstieg

**Wanderzeit**
4 ½ Std.

**Ausgangspunkt**
La Chaux-de-Fonds (Bahn)

**Endpunkt**
Les Ponts-de-Martel (Bahn/Bus)

**Route**
Im Bahnhof La Chaux-de-Fonds (991 m) zum Hinterausgang und mit dem Lift zum Parc des Crêtets; den Park auf Zickzackwegen durchqueren, beim Zaun des Schwimmbads nach rechts zur Passage des Beaux-Dimanches. Dort nach links die Treppe hinunter, an einem Schulhaus vorbei, zum Boulevard de la Liberté. Die Autostrasse überqueren und halb rechts auf der Rue des Arpenteurs zur Bus-Endstation Foulets (1055 m).

Nun gemäss Wanderwegweiser südwärts Richtung Les Roulet: über Wiesen schräg hinauf und über die Kuppe des Mont Jaques ins stille Längstälchen von Les Roulet (1097 m) hinunter. Weiter gemäss gelber Wanderwegmarkierung über Feldsträsschen und teilweise nur schwach erkennbare Wiesenwege an einer Jagdhütte vorbei zum Bergrücken Communal de la Sagne (1198 m) hinauf.

Auf einem breiten Weg über typische Wytweiden südwestwärts bis zur Verbindungsstrasse La Sagne–Le Locle (1158 m). Kurz auf der Passstrasse Richtung Le Locle, dann nach links steil bergan durch einen feuchten Fichtenwald, südwestwärts über den Höhenrücken zu den Bergwirtschaften Grand-Sommartel (1294 m) und Petit-Sommartel (1290 m).

Nun abwärts, am Ausflugsrestaurant La Petite-Joux (1243 m) vorbei, dem Waldrand bzw. dem Zaun entlang, teilweise weglos, schliesslich in den Wald und in eine romantische, kleine

Schlucht hinein. In kurzem, steilem Abstieg am Rand eines grossen Kalksteinbruchs nach Les Ponts-de-Martel (1009 m) hinunter.

### Varianten
— Mit dem Bus Nr. 3 vom Bahnhof La Chaux-de-Fonds zur Endstation Foulets.
— Mit dem TRN-Zug Richtung Les Ponts-de-Martel bis La Corbatière, von dort auf einem Wanderweg zum Communal de la Sagne aufsteigen. Zeitersparnis: 45 Min.

### Verpflegung
— La Chaux-de-Fonds: Zahlreiche Restaurants, Cafés und Lebensmittelläden
— Auberge du Grand-Sommartel (Mo/Di geschlossen), www.grand-sommartel.ch
— Restaurant du Petit-Sommartel (Mi geschlossen), Telefon 032 937 16 55
— Pinte de la Petite-Joux (Mo geschlossen), www.petite-joux.ch
— Les Ponts-de-Martel: Hôtel-Restaurant-Pizzeria du Cerf (So geschlossen), Telefon 032 937 11 08; Buffet de la Gare (Mo geschlossen), Telefon 032 937 12 21.

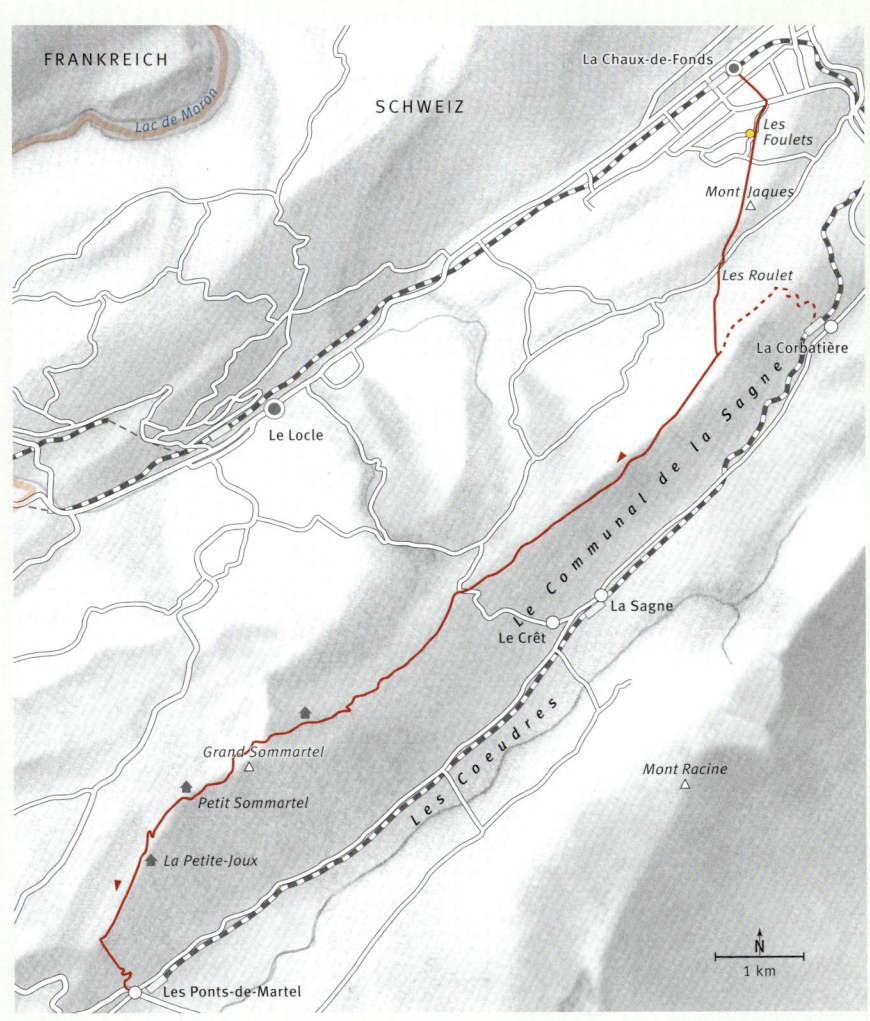

## 35 Von der Vue des Alpes nach La Tourne
# Tête de Ran und Mont Racine

Unser Ausgangspunkt, die Vue des Alpes, macht seinem Namen alle Ehre. An klaren Tagen lässt sich das Alpenpanorama von der Zentralschweiz bis zum Mont-Blanc-Massiv bewundern. Es begleitet die Wandernden bis zum Mont Racine.

Der Höhenzug des Tête de Ran ist nicht nur ein beliebtes Wanderziel, er trennt den Kanton Neuenburg auch in die beiden Landschaftstypen Berg und Tal. Zugegeben, dies ist eine grobe Vereinfachung der geografischen Tatsachen, denn der «Berg» *(la montagne)* ist vielmehr eine Hochebene mit niedrigen Hügelzügen, wo sich die Städte La Chaux-de-Fonds und Le Locle ausbreiten, und das «Tal» besteht im Wesentlichen aus der Uferzone des

Neuenburgersees *(le littoral)* mit der Kantonshauptstadt Neuchâtel. Zwischen See und Berg geht oftmals das Val de Ruz vergessen, ein breites Tal auf knapp 800 Metern zwischen Chaumont und Tête de Ran, sowie das Val de Travers oberhalb der Areuse-Schlucht.

Die Unterscheidung zwischen unterem und oberem Kantonsteil macht aber trotzdem Sinn. Denn nicht nur die Landschaft, auch die Mentalität der Bewohnerinnen und Bewohner soll verschieden sein. So gelten die «Bergler» als zäh, ausdauernd, individualistisch und antiautoritär, aber auch als offen und solidarisch, die Leute am Neuenburgersee als lebenslustig, fröhlich, locker, unbeschwert, aber auch als autoritätsgläubig und angepasst. Schliesslich waren es die «Bergler», welche die Neuenburger von der Herrschaft des preussischen Königs befreit hatten. Dabei ging alles sehr schnell: Am frühen Morgen des 1. März 1848 verkündete eine Gruppe freiheitsliebender Montagnards auf dem Rathausplatz von La Chaux-de-Fonds eine neue Verfassung, zog anschliessend über die Vue des Alpes nach Neuchâtel, besetzte kurzerhand das Schloss des preussischen Statthalters und rief die Republik Neuenburg aus. Der König von Preussen wurde von dieser Blitzaktion am äussersten Rand seines Herrschaftsgebiets wohl so sehr überrascht, dass er sich zu keiner wirksamen Gegenreaktion aufraffen konnte, zumal Neuenburg seit dem Wiener Kongress (1815) nicht nur als preussisches Fürstentum, sondern auch als Schweizer Kanton international anerkannt war.

‹
Die Vue des Alpes trägt ihren Namen zu Recht.

›
Der Höhenweg von der Vue des Alpes zum Mont Racine ist an schönen Tagen ein beliebtes Wanderziel.

Von unserem Ausgangspunkt Vue des Alpes wandern wir auf einem aussichtsreichen Höhenzug über den Hügel Tête de Ran zum Gipfel des Mont Racine. Linkerhand erstreckt sich der Neuenburgersee und dahinter das Alpenpanorama, rechterhand begleitet uns das Vallée des Ponts mit seinen lang gestreckten Strassendörfern La Sagne, Les Cœudres, Petit-Martel und zuhinterst Les Ponts-de-Martel.

Vom Aussichtspunkt Mont Racine geht es über Weiden und durch ein Wäldchen zur Alpwirtschaft La Grande Sagneule, wo sich Gourmets aus dem ganzen Kanton zu einem Fondue oder einer rustikalen Älplermahlzeit treffen. Der Schluss der Neuenburger Höhenpromenade führt über baumbestandene Weiden zur Postautohaltestelle La Tourne hinunter.

Die Route digital
für unterwegs.

**Schwierigkeit**
T1

**Strecke**
13 km

**Höhendifferenz**
490 m Aufstieg, 640 m Abstieg

**Wanderzeit**
3¾ Std.

**Ausgangspunkt**
Vue-des-Alpes (Bus)
Achtung: Es gibt nur wenige Kurse (Mi, Sa, So) ausserhalb der Sommerschulferien.

**Endpunkt**
La Tourne, Col (Bus)

**Route**
Von der Vue des Alpes (1283 m) auf dem Jura-Höhenweg 5 südwestwärts zum Pässchen und zum Gipfel Tête de Ran (1421 m); dann in leichtem Auf und Ab weiter zum Mont Racine (1439 m).

Oben: Aussichtsreiche Rastplätze auf dem Höhenweg über dem Mont Racine.

Unten: Die Bergwirtschaft La Grande Sagneule bietet ein feines Zvieri.

Nach 800 Metern nach rechts durch eine Mauerlücke zur Bergwirtschaft La Grande Sagneule (1307 m) absteigen. Dort zunächst auf einem geteerten Strässchen, dann rechts eine bewaldete Bergflanke hinauf, über einen Höhenrücken und hinunter zur Postautohaltestelle von La Tourne (1129 m).

**Variante**
– In La Tourne die Wanderung bis Noiraigue verlängern: Auf dem Jura-Höhenweg in 25 Min. südwärts hinauf zum prächtigen Aussichtspunkt Tablettes (1291 m). Von dort südwestwärts über den bewaldeten, langen Grat des Solmont bis zu seinem Ende (1125 m). Weiter zur Verbindungsstrasse Val de Travers–Les Ponts-de-Martel (P. 985), ein Stück auf der Strasse und dann auf dem Wanderweg steil hinunter nach Noiraigue (730 m). Zusätzliche Wanderzeit: 3 Std.
– Von der Bahnstation Le Reymond (Halt auf Verlangen), die an der Linie La Chaux-de-Fonds–Les Ponts-de-Martel und ca. 2 km südlich des Hauptbahnhofs liegt, führt ein Wanderweg auf die Vue des Alpes. Wanderzeit: 1¼ Std.

**Verpflegung**
– Relais de la Vue-des-Alpes (täglich geöffnet), Telefon 032 854 20 22
– Restaurant La Grande Sagneule (Mai–Oktober geöffnet), Telefon 032 855 11 74
– Hôtel-Restaurant de la Tourne (Di/Mi geschlossen), www.restaurant-la-tourne.ch

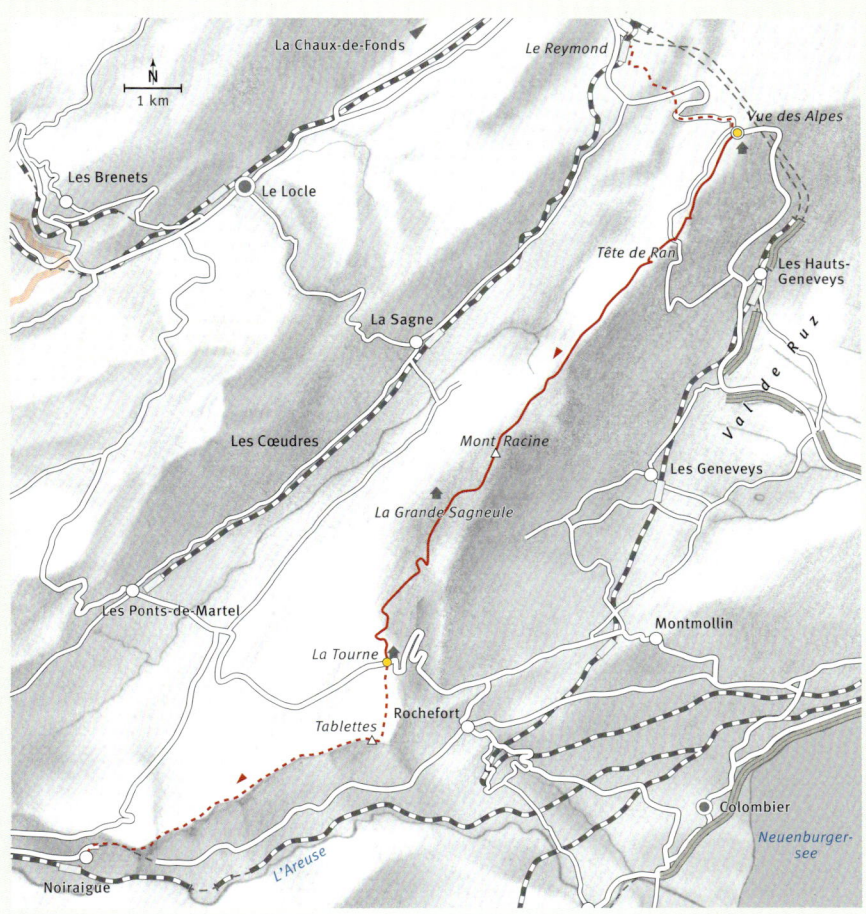

Von Noiraigue nach Boudry

# Areuse-Schlucht

Die schönste Schlucht des Juras – oder zumindest die beliebteste angesichts der Zahl derer, die alljährlich die wildromantische Gorges de l'Areuse hinauf- oder hinunterwandern.

Bei der Frage, wie der längste Fluss des Kantons Neuenburg heisst, müssten wohl die meisten Deutschschweizerinnen und Deutschschweizer passen. Zugegeben, mit 42 Kilometer Länge gehört die Areuse nicht zu den bedeutendsten Gewässern der Schweiz — dafür aber zu den attraktivsten. Schon ihre Quelle bei St-Sulpice ist ein Naturschauspiel. Mit durchschnittlich 700 Litern pro Sekunde strömt das Wasser, das vom oberirdisch abflusslosen Lac des Taillères bei La Brévine stammt, aus einer mächtigen Karstgrotte heraus, fliesst danach eher gemächlich das Val de Travers hinunter und stürzt sich unterhalb von Noiraigue in die wildromantische Areuse-Schlucht hinab, bevor das Flüsschen bei Cortaillod in den Neuenburgersee mündet.

Eine andere grosse Karstquelle entspringt oberhalb von Noiraigue. Die Ortschaft hat ihren Namen vom Bach mit dem dunklen Wasser erhalten (*noir* = schwarz, *aigue* von lateinisch *aqua* = Wasser), der sich schon nach wenigen Hundert Metern in die Areuse ergiesst, dessen Ursprung aber auf der Hochebene von Les Ponts-de-Martel zu suchen ist. Dort schlängelt sich nämlich ein Bächlein namens Le Bied durch das Hochmoor, bevor es mitten auf der Ebene in einem Loch verschwindet und als Bach in Noiraigue wieder zum Vorschein kommt. Nun wird auch verständlich, woher die dunkle Farbe des Gewässers stammt.

Eigentlich gibt es nicht nur eine, sondern zwei Areuse-Schluchten: eine oberhalb von Champ-du-Moulin und eine unterhalb. Beide Teile sind gleichermassen attraktiv, und beide zeichnen sich aus durch eine wilde Natur mit schwindelerregenden Felswänden, tosenden Wasserfällen, engen Schlundlöchern und urtümlichen Waldpartien. Damit das Schluchtenabenteuer aber nicht zur Gefahr wird, wurde schon vor über hundert Jahren ein breiter und gut gesicherter Weg angelegt, und damit die Wandernden unterwegs nicht verdursten — das Wasser der Areuse hat nicht unbedingt Trinkqualität —, gibt es zwischen den beiden Schluchtabschnitten ein gemütliches Gartenrestaurant. Aber auch für Picknick-Liebhaber ist mit Feuerstellen, Tischen und Bänken unterwegs gesorgt.

Zum Abschluss der Wanderung und als feines Kontrastprogramm bietet sich das schmucke Landstädtchen Boudry an. Ein Spaziergang durch den historischen Kern mit seinen niedrigen Häuserzeilen, ein Halt vor dem Rathaus und dem farbenprächtigen Gerechtigkeitsbrunnen oder gar ein Besuch im Schloss Boudry mit seinem Weinmuseum lassen die Schluchtenwanderung gemütlich ausklingen.

‹
Die Areuse-Schlucht
ist ein beliebtes
Ausflugsziel.

Die Route digital
für unterwegs.

**Schwierigkeit**
T1

**Strecke**
11,5 km

**Höhendifferenz**
150 m Aufstieg, 430 m Abstieg

**Wanderzeit**
3 Std.

**Ausgangspunkt**
Noiraigue (Bahn)

**Endpunkt**
Boudry Littorail (Bahn)

**Route**
In Noiraigue (730 m) gemäss Wegweiser der Areuse entlang nach Champ-du-Moulin (617 m). Dann weiter durch den unteren Teil der Areuse-Schlucht nach Pont des Clées (480 m) und dem Flüsschen entlang nach Boudry zur Altstadt (446 m) und zum Bahnhof Boudry Littorail der Schmalspurbahn Neuchâtel–Boudry.

**Variante**
Statt zum Bahnhof Boudry Littorail zum SBB-Bahnhof von Boudry (Linie Yverdon–Neuchâtel) hinaufgehen; ein bisschen kürzer, aber mit Aufstieg; dabei verpasst man die Altstadt von Boudry, erreicht aber in Neuenburg direkt den Hauptbahnhof.

**Verpflegung**
– Noiraigue: Auberge de Noiraigue, www.aubergedenoiraigue.ch
– Champ-du-Moulin: Hôtel-Restaurant La Truite (Dezember/Januar geschlossen), www.la-truite.ch
– Boudry: Einige Restaurants mit unregelmässigen Öffnungszeiten sowie Einkaufsläden

‹
Der spektakuläre unterste Abschnitt der Gorges de l'Areuse.

^
Eine Weide hat sich quer in die tosenden Wasser der Areuse gelegt.

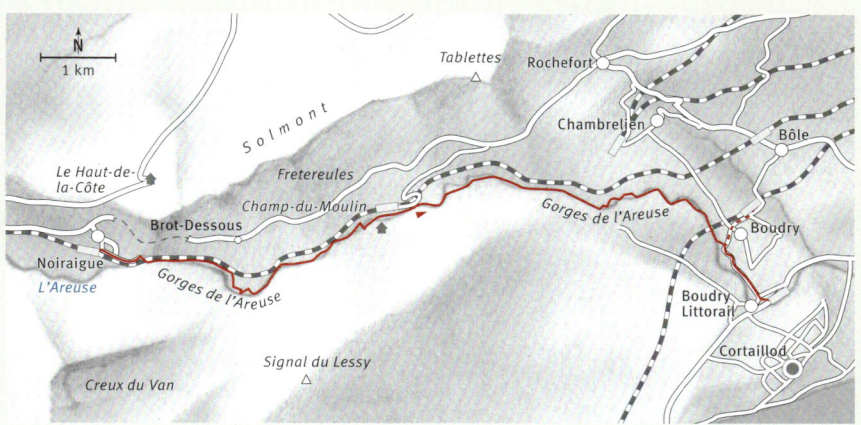

Von Noiraigue auf den Creux du Van und zurück

# Creux du Van

Der Creux du Van ist die spektakulärste Felsarena des Juras und dank Naturschutz und Jagdverbot ein einmaliges Tier- und Pflanzenreservat.

Wie ist dieser riesige Krater entstanden? Gab es vor Urzeiten einen gewaltigen Meteoriteneinschlag oder gar einen Vulkanausbruch? Weder noch! Es war die jahrtausendelange Erosionstätigkeit von Wasser, Eis, Wind und Schwerkraft, welche den gigantischen Felsenkessel des Creux du Van geschaffen hat.

Bereits im 16. Jahrhundert kamen die Gelehrten zum Creux du Van, um das 400 Meter hohe, senkrechte Halbrund zu bestaunen und Geologie,

Pflanzen- und Tierwelt der Felsarena zu erforschen. Alles, was in der Wissenschaft Rang und Namen hatte, besuchte in den folgenden Jahrhunderten den «Cul du Vent», wie der Felsenkessel damals hiess. Die Namen der Besucher lesen sich wie ein Who's who der schweizerischen Wissenschaftsprominenz: Paracelsus, Konrad Gessner, Felix Platter, Jean-Jacques Rousseau, Albrecht von Haller, Henri Dufour, Louis Agassiz, Amanz Gressly, Konrad Escher und noch viele andere. Und alle haben sich am «Roche aux Noms» zuhinterst im Felsenkessel mit ihren eingravierten Namen verewigt.

Getroffen haben sich die Gelehrten in der Ferme Robert, einer 1750 erbauten Jagdhütte am Eingang zur Felsarena. Es war die Zeit der letzten Bären — der letzte Neuenburger Bär wurde 1757 unweit der Ferme Robert erlegt — und der beginnenden Industrialisierung mit einem rücksichtslosen Waldraubbau im Gefolge. 130 Jahre später gaben die Neuenburger Naturschützer Gegensteuer. 84 namhafte Personen aus Politik, Wissenschaft und Grossbürgertum gründeten 1882 den Club Jurassien, kauften 24 Hektaren Land und schufen damit das erste private Naturschutzgebiet der Schweiz. Seither besteht am Creux du Van ein Jagdverbot. Davon profitieren nicht nur die vor einigen Jahrzehnten ausgesetzten Steinböcke und Murmeltiere, sondern auch Rehe, Hasen, Hirsche und Gämsen und nicht zuletzt die Besucherinnen und Besucher des Creux du Van,

‹
Die Felsarena des Creux du Van.

›
An klaren Tagen sind auch die Alpen mit Eiger, Mönch und Jungfrau zu sehen.

die — vor allem in frühen Morgenstunden — faszinierende Tierbeobachtungen machen können.

Der Anstieg von der Ferme Robert durch den Wald im Inneren des Felsenkessels zur Fontaine Froide, wo das Wasser auch im Hochsommer eiskalt hervorsprudelt, ist angenehm kühl. Auf dem steilen Sentier du Single kommt man danach zwar etwas ins Schwitzen, doch der Ausblick vom östlichen Rand in den Felsenkessel entschädigt für alle Mühen. Absolut spektakulär ist dann die anschliessende Wanderung ums Halbrund der Felsarena. Wer nicht schwindelfrei ist, geht jedoch mit Vorteil auf der linken, dem Abgrund abgewandten Seite der Trockenmauer, die nach dem Zweiten Weltkrieg vom Internationalen Friedensdienst als Freundschaftsmauer erbaut worden ist.

Die Route digital für unterwegs.

**Schwierigkeit**
T2

**Strecke**
12 km

**Höhendifferenz**
760 m Aufstieg, 760 m Abstieg

**Wanderzeit**
4¼ Std.

**Ausgangs- und Endpunkt**
Noiraigue (Bahn)

**Route**
Vom Bahnhof Noiraigue (730 m) 200 Meter den Gleisen entlang talabwärts, dann nach rechts über den Bahnübergang und Richtung Ferme Robert, vorerst auf einem Strässchen bis zum Waldeingang, dann auf dem Wanderweg zur Ferme Robert (969 m).

Nun auf einem breiten Waldweg in grossen Kehren ins Innere des bewaldeten Felsenkessels bis zum Brunnen mit dem kalten Wasser (Fontaine Froide, 1127 m). Hier 200 Meter ostwärts, dann nach rechts abbiegen und auf dem recht steilen «Sentier du Single» zum oberen östlichen Rand des Creux du Van aufsteigen. Möglicher Abstecher zum Bergrestaurant La Grand'Vy (nach links abbiegen).

Ansonsten am Rand des Felsenkessels einer Trockenmauer entlanggehen. Möglicher Abstecher nach Süden zum Aussichtspunkt Le Soliat (1464 m) oder zum Bergrestaurant La Baronne (1373 m).

Weiter dem Kraterrand entlang und eventuell noch einen Abstecher zur Ferme du Soliat (1380 m) machen. Zum Schluss Abstieg auf dem «Sentier des 14 Contours» (Weg der 14 Kehren) zur Buvette Les Oeuillons (1015 m) und weiter nach Noiraigue.

**Variante**
Statt auf dem rot-weiss markierten «Sentier du Single» zum Creux du Van hinauf, den gelb markierten Wanderweg von der Ferme Robert zur Pré au Favre (1295 m) und zur Bergwirtschaft Grand'Vy benutzen; 15 Min. länger und weniger attraktiv, aber weniger steil.

## Verpflegung
– Noiraigue: Auberge de Noiraigue, www.aubergedenoiraigue.ch
– Creux du Van: Ferme Robert (Juli/August täglich, sonst unregelmässig geöffnet), www.ferme-robert.ch; Bergwirtschaft La Grand'Vy, www.creuxduvan.com/restaurant-la-grand-vy.html; Bergwirtschaft La Baronne (Mai–Oktober geöffnet), www.creuxduvan.com/restaurant-la-baronne.html; Ferme-Restaurant du Soliat (Mai–Oktober geöffnet), www.lesoliat.ch; Buvette Les Oeuillons (Mai–Oktober geöffnet), www.oeillons.ch

Am Rand des Abgrunds.

Die gemütliche Bergwirtschaft La Grand'Vy östlich des Felsenkessels.

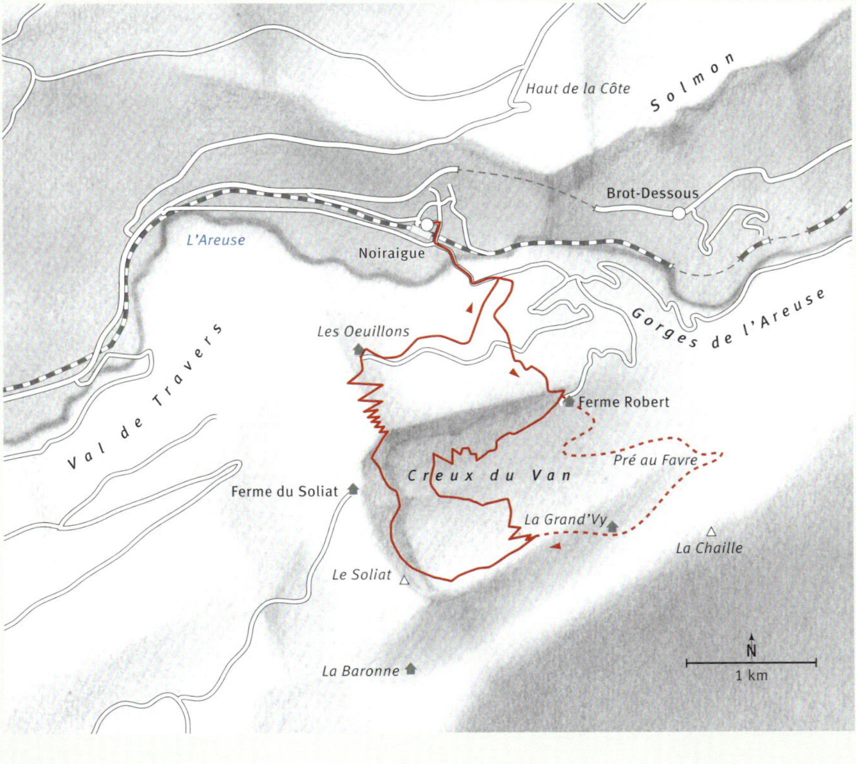

Von Môtiers nach Provence

# Poëta Raisse

**38**

«Lassen Sie sich bezaubern von diesem aussergewöhnlichen Ort, geniessen Sie seine Frische, lauschen Sie dem Rauschen der Wasserfälle und dem Murmeln des Baches.» So poetisch beschreibt eine Inschrift die Schlucht Poëta Raisse oberhalb von Môtiers.

Wir stehen am Eingang der Schlucht. Weder ein Murmeln des Baches ist zu hören, noch sehen wir einen Wasserfall — dafür ein steintrockenes Bachbett. So steigen wir talaufwärts dem ausgetrockneten Bach entlang, bis auf einmal Wasser zwischen den Kieseln hervorblitzt. Je höher wir steigen, desto kräftiger fliesst der Bach und desto lauter wird das Rauschen der Wasserfälle. Und wenn gar noch die mittäglichen Sonnenstrahlen durch die engen Felswände in die Schlucht hinunterblinzeln, wird die Poëta Raisse so richtig poetisch. Die Schlucht wurde denn auch im romantischen 19. Jahrhundert erschlossen, vorerst mit Leitern (1857), später mit Steintreppen und Geländern (1871–1874). Noch früher lebte Jean-Jacques Rousseau in dieser Gegend, nämlich von 1762 bis 1765 in Môtiers, wo er wegen seiner provokativen staatstheoretischen Thesen Zuflucht gesucht hatte.

Môtiers ist die älteste Siedlung des Val de Travers. Der Name geht auf das lateinische Monasterium zurück, also auf ein Kloster, das im 10. Jahrhundert gegründet und später zum Benediktinerpriorat Saint-Pierre aufgewertet wurde. Nach der Reformation ersetzte der Steuervogt die nach Frankreich vertriebenen Mönche, und seit 1829 wird im ehemaligen Priorat Schaumwein hergestellt. Môtiers war bis 1848 Hauptort des Bezirks Val de Travers. Das historische Hôtel Les Six-Communes mit der ehemaligen Markthalle, die breite Grande Rue mit den stattlichen Bauern- und Bürgerhäusern und das Schloss von Môtiers auf einem Felssporn oberhalb des

‹
Blick von Sur la Roche zu den Waadtländer Juragipfeln.

›
Die Poëta Raisse gehört zu den spektakulärsten Juraschluchten.

Dorfes zeugen von der grossen Vergangenheit des Ortes. Von der Industrialisierung im 19. Jahrhundert profitierten die anderen Dörfer des Val de Travers stärker als Môtier, das etwas ins Abseits rückte. Doch dank dieser «Vernachlässigung» ist das historische Ortsbild von Môtiers heute noch weitgehend intakt geblieben. Eine politische Aufwertung hat das Dorf im Jahr 2009 erfahren, als es zum Verwaltungssitz der neu geschaffenen Gemeinde Val-de-Travers erkoren wurde. Die fusionierte Gemeinde umfasst sämtliche Dörfer des Tals ausser La Côte-aux-Fées und zählt über 10 000 Einwohnerinnen und Einwohner.

Der zweite Teil der Wanderung zeigt ein ganz anderes Landschaftsbild: weite Hochflächen, Wald und Weiden und schliesslich der grossartige Blick auf den Neuenburgersee. Dass man dabei schon in der Pouetta Raisse, wie die Schlucht vor ihrer Vermarktung hiess, die Kantonsgrenze überschritten hat und nun im Waadtland wandert, merkt man allerdings nicht.

Die Route digital für unterwegs.

**Schwierigkeit**
T1

**Strecke**
18 km

**Höhendifferenz**
790 m Aufstieg, 750 m Abstieg

**Wanderzeit**
5 ¼ Std.

**Ausgangspunkt**
Môtiers NE (Bahn)

**Endpunkt**
Provence, poste (Bus)

**Route**
Vom Bahnhof Môtiers (734 m) zur Hauptstrasse und geradeaus weiter auf der Grande Rue durch das schöne und gut erhaltene Dorf Môtiers. Beim Waldeingang gemäss Wegweiser durch das Tal hinauf Richtung Poëta Raisse. Am oberen Ende der romantischen Schlucht (P. 1130) nach links Richtung La Combaz: den gelben Markierungen folgend vorerst durch teilweise sumpfige Abschnitte, dann auf einer neuen Strasse auf eine Anhöhe, wo man den Jura-Höhenweg Nr. 5 erreicht (P. 1289). Diesem ostwärts folgen bis La Combaz (Restaurant, 1222 m).

Dann Richtung Mont Aubert: nach Südosten über die Ebene und nach links bis zur Militärschranke. Dort nach rechts den Wald hinauf (gelb markiert) und auf dem Höhenrücken vorerst dem linken Waldrand entlang, dann über die Weiden von Serrolliet, den gelben Wanderwegzeichen folgend über den Mont Aubert und leicht abwärts zum Aussichtspunkt Sur la Roche (1247 m). Weiterhin den gelben Markierungen abwärts folgend, zuerst auf Waldpfaden bis P. 1129, dann nordostwärts auf einer gesplitteten Teerstrasse durch den Bois de la Côte hinab bis zur Verzweigung Mutrux/Provence (P. 921). Entweder geradeaus nach Mutrux (Variante) oder nach links auf einem Mergelweg, später einem Asphaltsträsschen nach Provence (777 m).

## Varianten

– Die Tour abkürzen und von La Combaz nach Mauborget (1168 m) wandern. Zeiteinsparung: 1 ¾ Std., allerdings gibt es nur wenige Postautoverbindungen.
– Statt nach Provence nach Mutrux absteigen. Ein bisschen kürzer, aber kein Restaurant.

## Verpflegung

– Môtiers: Restaurant Les Six-Communes (Mo/Di geschlossen), www.sixcommunes.ch
– La Combaz: Alpwirtschaft La Combaz (Mo geschlossen), Telefon 024 436 11 53
– Provence: Auberge Communale (Mo/Di geschlossen), Telefon 024 434 11 43
– Abseits der Route:
Mauborget: Café Paral'Aile (Mi/Do geschlossen), Telefon 024 436 10 20; Mont Aubert: Restaurant Les Gélinottes (Mo geschlossen), Telefon 024 434 14 38

> Oben und Mitte: Weiden und Wälder auf dem flachen Mont Aubert.

Unten: Môtier mit Kirche und dem historischen Restaurant Les Six-Communes.

Von Fleurier nach La Brévine

# Glacière de Monlési

**39**

Ein Gletscher im Jura? Was erst unglaublich klingt, hat doch einen gewissen Wahrheitsgehalt.

Zugegeben, das Eisloch von Monlési kann mit einer Fläche von 800 Quadratmetern bei Weitem nicht mit den Alpengletschern mithalten. Aber im Gegensatz zu seinen grossen Geschwistern schmilzt dieser Minigletscher nicht oder nur sehr langsam ab. Selbst im heissen Sommer 2003 verschwand das Eis nicht, und solange die Winter von La Brévine nicht deutlich wärmer werden, wird es auch in den nächsten Jahren nicht verschwinden. Wie aber kommt dieses blaue Wunder zustande?

Der bis zu 10 000 Kubikmeter grosse Eispanzer liegt in einer Felshöhle, die sich am unteren Ende eines 18 Meter tiefen Einsturztrichters befindet. In diese Karsthöhle gelangt das ganze Jahr über kein Sonnenstrahl. Im Winter sinkt kalte, «schwere» Luft in die Eishöhle und bleibt auf der Eisoberfläche liegen. Dringt im Frühling Schmelzwasser in die Höhle, so gefriert es zu Eis, sobald es mit der kalten Luft (Temperatur unter Null) in Kontakt kommt. Als Folge wächst der Eispanzer im Frühling!

Von Sommer bis Herbst beträgt die Temperatur über dem Eis nur etwa 1 °C, egal wie warm die Aussentemperatur ist. Folglich schmilzt das Eis nur langsam ab. Die Glacière de Monlési verliert im Sommer durchschnittlich 8 Zentimeter Eis, legt aber im Winter und Frühling ebenso viel Gletschermasse wieder zu. Nach etwa 150 Jahren ist das ganze Eis regeneriert. Weitere Auskünfte zum Phänomen des Minigletschers erhält man auf einer Infotafel vor der Eishöhle.

Die Glacière de Monlési sollte man im Sommer besichtigen, wenn der steile Aufstieg von Fleurier auf die Haut de la Vy schweisstreibend und das Bad im Lac des Taillères noch weit ist. Dann wirkt eine Abkühlung im Eisloch Wunder. Wer allerdings eine genauere Erforschung des unterirdischen Gletschers beabsichtigt, braucht eine gute Taschenlampe und alpinistische Ausrüstung (Helm, Klettergurt, Seil, Steigeisen), denn wie auf jedem richtigen Gletscher lauern auch auf der Glacière de Monlési Gefahren. Insbesondere können am Höhlenrand Spalten auftreten.

‹
Der Eingang zur Eishöhle Monlési befindet sich am unteren rechten Rand des Einsturztrichters.

›
Der Lac des Taillères.

Noch kälter als in der Eishöhle von Monlési wird es im Winter in La Brévine, dem Sibirien der Schweiz. Minus 41,8 °C zeigte das Thermometer am 12. Januar 1987 — die tiefste je in einer Schweizer Siedlung gemessene Temperatur. Dennoch ziehen die Einheimischen den eiskalten, trockenen Winter von La Brévine dem feucht-kühlen Klima am Neuenburgersee vor, wie uns im Dorfladen von La Brévine erklärt wurde. Im Sommer aber geniessen die Einheimischen wie auch die Wanderer, Bikerinnen und Feriengäste den warmen Lac des Taillères zum Baden.

Die Route digital für unterwegs.

**Schwierigkeit**
T2

**Strecke**
14 km

**Höhendifferenz**
650 m Aufstieg, 350 m Abstieg

**Wanderzeit**
4¼ Std.

**Ausgangspunkt**
Fleurier (Bahn)

**Endpunkt**
La Brévine, poste (Bus)

**Route**
Vom Bahnhofplatz Fleurier (742 m) gemäss Wegweiser Richtung Haut de la Vy / La Brévine über die Bahn, durch eine Querstrasse, dann über eine Schnellstrasse und die Areuse, nach rechts bis zum Dorfende. Beim Bücherschrankhäuschen nach links auf dem weiss-rot-weiss markierten Bergweg aufwärts durch den Mischwald La Caroline zum prächtigen Aussichtspunkt Belvédère mit Blick auf Fleurier und den Chapeau de Napoléon. Weiter auf dem gesicherten Bergweg (T2) zur Antenne von Haut de la Vy (1060 m) hinauf. Die erste Weide ausserhalb des Zauns umgehen, die zweite gemäss Wegweiser Richtung Grands Prés durchqueren.

Bei der Kreuzung Grands Prés (1125 m) nach rechts bis zu einem Querträsschen mit Baumhecke (P. 1135); dort nach rechts Richtung Les Citadelles: nach der Linkskurve weiter aufwärts bis zur Rechtskurve des Wanderwegs; dort geradeaus auf einem nicht markierten Feldweg dem Weidezaun, später dem Waldrand entlang abwärts bis zu einem querenden Weg. Hier nach rechts in eine Lichtung, wo nach 100 Meter linkerhand im Wald die Eishöhle Monlési (1126 m) auftaucht.

Von der Eishöhle wieder zurück zur Wegverzweigung; dort nach rechts auf einem nicht markierten Waldweg nordwärts bis zu einer Querstrasse; diese überqueren und auf dem Wanderweg Richtung Petite Charbonnière; bei der Verzweigung Petite Charbonnière (P. 1181) nach rechts Richtung Les Bans leicht aufwärts durch den Wald dann über Weiden. Beim Wegweiser Les Bans (1212 m) und den folgenden Wegweisern jeweils Richtung La Brévine. Beim Gehöft von Cottards (1078 m) entweder nach rechts nach La Brévine (1042 m) wandern oder alternativ nach links auf einem Teerträsschen zum Lac des Taillères (1033 m) hinunter und dem Seeufer entlang zum östlichen See-Ende (Postautohaltestelle); entweder mit dem Postauto oder zu Fuss nach La Brévine.

**Varianten**
– Die Eishöhle Monlési auf kartografisch eingetragenen Wegen erreichen: Bei der Verzweigung (P. 1135) nach links zum Hof Petite Charbonnière (1164 m), dort nach rechts und bei der nächsten

Wegkreuzung im Wald wieder nach rechts bis zum querenden Weg bei der Lichtung der Eishöhle; eine Viertelstunde länger als die Normalroute.
– Von der Eishöhle Monlési in einer knappen halben Stunde auf einem Wanderweg nordostwärts zur Verbindungsstrasse La Brévine–Couvet und auf dieser 250 m nordwärts zur Postautohaltestelle Les Sagnettes, bif. Charbonnière (Postautoverbindung nach Couvet und La Brévine). Damit verkürzt man die Wanderung um 2 Std., verpasst aber den Lac des Taillères.

– Vom nordöstlichen Ende des Lac des Taillères mit dem Postauto (Haltestelle: Les Taillères, Bout du Lac) nach La Brévine fahren; Achtung: Es gibt nur wenige Kurse.

**Verpflegung**
– Fleurier: Mehrere Restaurants, Cafés und Einkaufsläden
– La Brévine: Hôtel de Ville, www.labrevinehoteldeville.ch; Bar-Restaurant L'Isba (Do geschlossen), Telefon 032 935 13 06

Vallée de Joux.

# Waadtländer Jura

Von Ste-Croix nach Buttes

# Le Chasseron

**40**

Der Chasseron wird oft mit seinem berühmteren Bruder verwechselt, dem Chasseral. Das ist nicht erstaunlich – denn die beiden Juragipfel heissen nicht nur fast gleich, sondern sind auch fast gleich hoch: Chasseral 1607 m, Chasseron 1606 m.

Auch die infrastrukturelle Ausstattung ist ganz ähnlich: Beide Gipfel besitzen ein Restaurant in prächtiger Aussichtslage, einen weithin sichtbaren Sendemast und eine Zufahrtsstrasse für den Privatverkehr. Doch wenn an schönen Sonntagen auf dem Chasseral ein mittleres Verkehrschaos herrscht, bleibt es auf dem Chasseron ruhig, da die Zufahrtsstrasse von Les Rasses für Nichtbehinderte einige Hundert Meter unterhalb des Hôtel du Chasseron an einem Parkplatz endet. Diese Zufahrtsbeschränkung scheint den Wirt des Bergrestaurants aber nicht zu stören, denn Wandernde gebe es genug und die meisten würden gerne bei ihm einkehren, meint er. Vielleicht sind es aber auch die ausgezeichneten Menüs, wofür viele Gäste ein paar Schritte zu Fuss in Kauf nehmen.

Hat man das prächtige 360-Grad-Panorama vom Chasseron-Gipfel ausgekostet, geniesst man den Verdauungsspaziergang über die sattgrünen, alpinen Matten und genehmigt sich einen Kaffee mit Kuchen im Chalet-Restaurant La Grandsonnaz-Dessus, das man nach einer halben Stunde erreicht. Die Alpwirtschaft bietet eine reiche Tierwelt, denn neben den üblichen Kühen, Rindern und Schweinen, den herumstreunenden Hunden und Katzen stehen auch «weidende» Ziegen auf dem Schopfdach.

Auch der weitere Abstieg nach Petite Robella ist kaum anstrengend und recht abwechslungsreich. Kleine Tälchen, Mulden, Hügel, Kreten und Übergänge wechseln sich in rascher Folge ab. Es empfiehlt sich deshalb, die Wegweiser zu beachten und zwischendurch die Karte zu studieren, um

‹
Viel Aussicht auf dem Chasserongrat.

›
Le Chasseron.

nicht zeitraubende Umwege zu riskieren. Das letzte Wegstück nach Buttes hinunter weist wieder eine klare Topografie auf, nämlich einen ziemlich steilen Hang, der fast durchgehend bewaldet ist. Wer seine Knie schonen möchte, nimmt in Petite Robella deshalb mit Vorteil den Sessellift ins Val de Travers hinunter.

Die Route digital für unterwegs.

**Schwierigkeit**
T1

**Strecke**
15 km

**Höhendifferenz**
670 m Aufstieg, 970 m Abstieg

**Wanderzeit**
4 ¾ Std.

**Ausgangspunkt**
Ste-Croix (Bahn)

**Endpunkt**
Buttes (Bahn)

**Route**
Von Ste-Croix (Bahnhof, 1067 m) auf dem Jura-Höhenweg 5 dorfaufwärts, an der Kirche vorbei, über Weiden und durch Wäldchen hinauf nach Les Avattes (Bergrestaurant, 1457 m). Dann über den Grat der Petites Roches zum Berghotel Chasseron und zum Gipfel (1607 m).

Weiter auf dem Jura-Höhenweg 5; bei der Weggabelung entweder direkt Richtung Petite Robella (Variante) oder halb rechts auf der Nr. 5 nach La Grandsonnaz-Dessus (Alpwirtschaft). Von dort kurz westwärts über Weiden zu P. 1449 (Wegweiser); nordwärts über den Grat Crêt de la Neige; gemäss Wanderweg kurz nach links in einen Sattel (P. 1425) und nach rechts das Tälchen hinunter bis zum Strässchen, das über die Krete Crêt des Lisières führt. Nach links auf Strässchen nach Petite Robella (Bergstation Sesselbahn, 1222 m).

Auf dem markierten Wanderweg oder mit der Sesselbahn nach Buttes (770 m) hinunter.

**Varianten**
– Vom Chasseron direkt nach Petite Robella absteigen und die Alpwirtschaft La Grandsonnaz-Dessus rechts liegen lassen; etwa 10 Minuten schneller.
– Statt nach Buttes nach Fleurier absteigen; weniger steil, aber eine halbe Stunde länger.

Weisse Alpen-Anemonen am Chasseron.

- Von Petite Robella mit der Sesselbahn (Station: La Robella) oder mit dem Trottinett nach Buttes hinunterfahren. Die Sesselbahn ist Mai bis Oktober jeweils bis 17 Uhr in Betrieb – im Juli/August täglich, sonst nur Sa/So.

Verpflegung
- Ste-Croix: Mehrere Restaurants und Einkaufsläden
- Bergrestaurant Les Avattes (Mi/Do geschlossen), www.chaletrestaurantlesavattes.com
- Hôtel du Chasseron (Mo/Di geschlossen; Betriebsferien beachten; Tischreservation empfehlenswert), Telefon 024 454 23 88, www.chasseron.ch
- Alpwirtschaft La Grandsonnaz-Dessus (Mai–Oktober geöffnet), Telefon 024 454 23 62
- Restaurant de la Robellaz (Mai–Oktober geöffnet), www.larobellazchezkaton.com
- Buttes: Auberge des Fées, www.auberge-des-fees.ch; Restaurant du Lion d'Or (Mo geschlossen), Telefon 032 861 61 04; Lebensmittelgeschäft

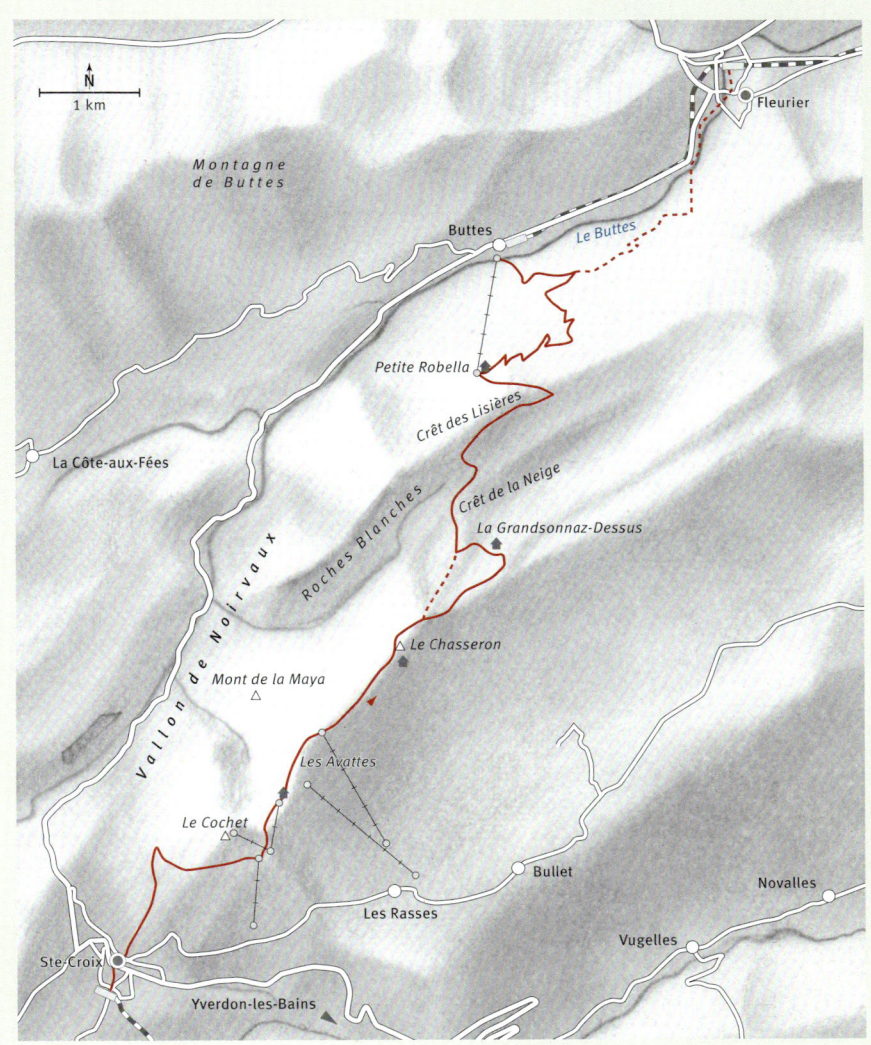

Von Vuiteboeuf nach Ste-Croix und zurück

# Salzwege und Schluchtenpfade

Jahrhundertelang bezog das Alte Bern einen Grossteil seines Salzes aus der Franche-Comté. Die wichtigste Salzstrasse führte über den Col des Etroits und durch die steile Covatanne-Schlucht nach Vuiteboeuf. Noch heute kann man die durch die schweren Salzwagen entstandenen Karrengleise sehen.

Wahrscheinlich benutzten schon die Römer den Col des Etroits (1150 m) auf ihrem Weg vom Westschweizer Mittelland ins Burgund. Die markanten Karrengleise von Covatanne zwischen Vuiteboeuf und Ste-Croix schienen lange Zeit die römische Präsenz zu beweisen. Doch archäologische Untersuchungen, die im Rahmen des Inventars historischer Verkehrswege der

Schweiz (IVS) durchgeführt wurden, zeigten, dass die Gleisspuren neueren Datums sind. Mit einer Ausnahme stammen alle festgestellten Karrenrillen aus dem Zeitraum zwischen 1536 und 1760. Die ältere Jahreszahl steht für die Eroberung der Waadt durch Bern, die jüngere für den Bau der Fahrstrasse von Vuiteboeuf nach Ste-Croix. Während dieser Zeitspanne wurde das Trassee am nördlichen Rand der Covatanne-Schlucht nicht weniger als achtmal verlegt, denn der rege Güterverkehr und die schweren, mit Salzsäcken beladenen Wagen, die von Salins-les-Bains oder Arc-et-Senans (Franche-Comté) nach Bern gezogen wurden, setzten den Gleisen arg zu. Das älteste Karrengleis wird übrigens auf das 13. oder 14. Jahrhundert geschätzt — und dass auch schon die Römer dieselbe Wegstrecke benutzt hatten, ist gar nicht ausgeschlossen, auch wenn bis jetzt die konkreten Beweise fehlen.

In Ste-Croix ist von römischen und mittelalterlichen Spuren nichts mehr zu finden. Es ist vielmehr das 19. Jahrhundert, welches dem Ort einen frühindustriellen Stempel aufgedrückt hat. Bereits 1815 wurde die Produktion von Musikdosen aufgenommen, gefolgt von der Uhren- und der Textilindustrie. Um 1860 waren nicht weniger als 1000 Frauen mit Spitzenklöppeln und 800 Männer mit der Herstellung von Uhrenbestandteilen beschäftigt. Doch eine heftige Wirtschaftskrise fegte nach 1860 den grössten Teil der lokalen Industrie hinweg. Zurück blieb einzig die krisenfeste Herstellung von Musikdosen. Die Nachfrage nach den kleinen luxuriösen Kunstwerken stieg weltweit so stark an, dass 1875 die erste Fabrik die Produktion aufnehmen konnte. Man baute nun auch grössere mechanische Musikinstrumente, Drehorgeln und Musikautomaten, die ganze Orchester ersetzen konnten. Wer die alte Pracht der mechanischen Musik nochmals erleben möchte, besucht das Fabrikmuseum CIMA an der Rue de l'Industrie 2.

Der Abstieg von Ste-Croix ist noch spannender als der Aufstieg, denn er führt durch die spektakuläre Schlucht von Covatanne. Vorerst gemächlich durch einen alten Buchenwald, geht es bald zunehmend bergab. Der Bach fällt in die Tiefe, und die Felsen werden immer höher. Dank breitem Weg und massivem Eisengeländer besteht jedoch keine Absturzgefahr. Und wie bei anderen Juraschluchten ist auch hier das Abenteuer viel zu schnell vorbei.

‹

Die historischen Karrengleise von Covatanne zeugen vom Salzhandel der Berner mit den Salinen der Franche-Comté.

Herbststimmung in der Schlucht von Covatanne.

Die Route digital
für unterwegs.

**Schwierigkeit**
T1–T2

**Strecke**
11 km

**Höhendifferenz**
560 m Auf- und Abstieg

**Wanderzeit**
3 ½ Std.

**Ausgangs- und Endpunkt**
Vuiteboeuf, collège (Bus)

**Route**
Von der Bushaltestelle Vuiteboeuf, collège (590 m) über den Bach L'Arnon zum nördlichen Dorfende hinauf, wo man auf die Pilgerroute «Via Francigena» trifft. Diese regionale Wanderroute Nr. 70 ist identisch mit der «Voie historique, Ste-Croix», die mit braunen Wegweisern gekennzeichnet ist. Der Wanderweg verläuft nach der grossen Linkskehre teilweise auf dem Trassee alter Karrengleise. In Le Château-de-Ste-Croix (984 m) links hinunter nach La Villette (924 m) und auf teilweise nicht markierten Strässchen weiter nach Ste-Croix (1081 m).

Zum Bahnhof Ste-Croix (1067 m) hinunter und weiter Richtung Gorges de Covatanne; links der Bahnlinie bleibend, den gelben Wanderwegzeichen folgend nach links in eine Talmulde hinunter; nach der ARA (STEP) nach rechts in den Wald hinein und in die Schlucht. Auf gut gesicherten Wegen durch die Gorges de Covatanne hinunter nach Vuiteboeuf.

**Varianten**
– Von Le Château-de-Ste-Croix horizontal und mehr oder weniger der Hauptstrasse entlang nach Ste-Croix.
– In La Villette statt nach Ste-Croix direkt zu den Gorges de Covatanne und durch die Schlucht zurück nach Vuiteboeuf; verkürzt die Wanderung um eine Stunde.

**Verpflegung**
– Vuiteboeuf: Hôtel de l'Ours (Mo geschlossen), www.hotelours.ch
– Ste-Croix: Mehrere Restaurants und Einkaufsläden

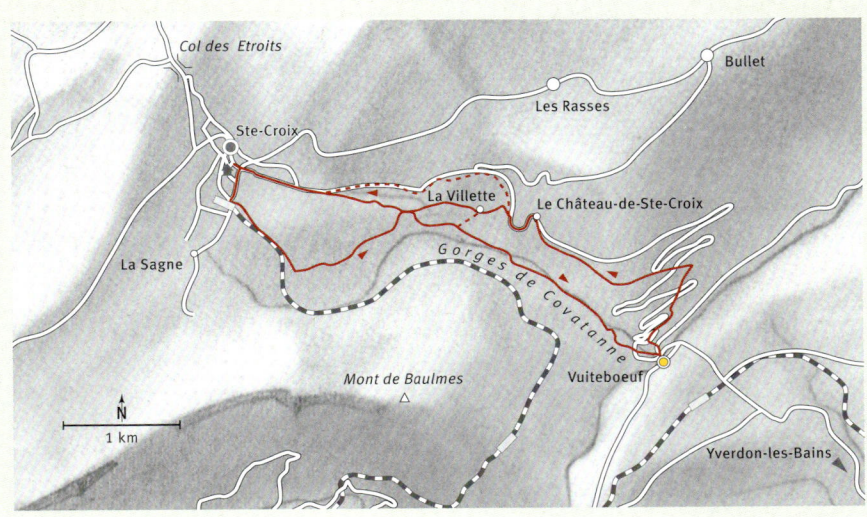

Von Ste-Croix nach Baulmes

# Aiguilles de Baulmes und Suchet

42

Zwei prächtige Aussichtsgipfel, die über markante Kreten erreicht werden, krönen die lange und abwechslungsreiche Wanderung vom Musikautomaten-Dorf Ste-Croix nach Baulmes.

Die Krete der Aiguilles de Baulmes und der Gipfel des Suchet sind in der Deutschschweiz kaum bekannt. Zu Unrecht, denn beide Juraberge bieten eine fantastische Aussicht über das westliche Mittelland und die Alpenkette vom Berner Oberland über die Walliser Alpen bis zum Mont Blanc. Selbst wenn die ganz grosse Fernsicht fehlt, ist die Wanderung absolut lohnenswert, denn die Landschaftseindrücke wechseln in kurzer Folge.

Kaum hat man die grünen Matten von Ste-Croix durchwandert, folgt ein steiler, dunkler Wald, und hat man diesen durchstiegen, befindet man sich auf einer typischen Juraweide. Und kaum hat man die Weide überschritten, steht man direkt über einer jäh abstürzenden Felswand. Es folgt ein Grat mit Tiefblicken auf der einen und Weitsichten auf der anderen Seite, dann ein ruppiger Abstieg auf rutschigem Untergrund, anschliessend ein Spaziergang auf Teersträsschen, ein angenehmer Aufstieg über Alpweiden, wieder ein Abstieg mit prächtiger Aussicht, zuletzt dann ein Pirschgang durch eine chaotische Wildnis, bevor man schliesslich durch gepflegte Wälder nach Baulmes gelangt.

Nach all dem ist man vielleicht zu erschöpft, um auch noch die Besonderheiten des Dorfes zu würdigen. Man bemerkt bloss die zahlreichen Türmchen, die über die Dächer hinaufragen, oder das alte, burgähnliche Gebäude am oberen Dorfeingang: La Cure (das Pfarrhaus). Ein Blick in die Geschichte zeigt, dass es an dieser Stelle im Mittelalter tatsächlich eine Burg gab, die zum Schutz der Einwohner von Baulmes errichtet worden war. Denn in der Mitte des 15. Jahrhunderts drangen immer wieder versprengte Söldnergruppen des berüchtigten Armagnac-Heeres über den Aiguillon-Pass vor und suchten die Dörfer am Jurasüdfuss heim. Um die rund 1200 Dorfbewohnerinnen und -bewohner vor Übergriffen zu schützen, wurde eine eigentliche Befestigungsanlage mit Wassergräben und Palisaden gebaut, von der heute allerdings nichts mehr zu sehen ist.

‹
Blick vom Suchet über das neblige Genferseebecken zu den Alpen. Links der Grand Combin, Mitte rechts die Dents du Midi.

›
Gipfel der Aiguilles de Baulmes.

Verteidigungsanlagen neueren Datums sind jedoch am Col de l'Aiguillon zu finden. Ohne ein grosses militärisches Geheimnis auszuplaudern, darf man wohl behaupten, dass hier eine der grössten Bunkerdichten der Schweiz besteht. Vielleicht könnte der eine oder andere Schutzbau noch als Ferienhaus zu haben sein. Wem dies jedoch zu feucht und zu kalt ist, lässt sich lieber in der Alpwirtschaft Grange Neuve nieder und geniesst die sagenhaft grossen Käseschnitten mit einem Dreier Bonvillars in der warmen Abendsonne.

Die Route digital für unterwegs.

**Schwierigkeit**
T1–T2

**Strecke**
18 km

**Höhendifferenz**
1000 m Aufstieg, 1430 m Abstieg

**Wanderzeit**
6 ¼ Std.

**Ausgangspunkt**
Ste-Croix (Bahn)

**Endpunkt**
Baulmes (Bahn)

**Route**
Vom Bahnhof Ste-Croix den Gleisen entlang; nach 200 Metern auf die rechte Seite der Bahnlinie wechseln. Weiter in gleicher Richtung über Wiesen und über ein Bächlein, dann über eine Weide zum Waldrand. Nun auf Pfadspuren durch den steilen Wald hinauf zum Mont de Baulmes (1270 m) mit Restaurant und Aussichtspunkt. Dem Grat entlang, an der Höhle Cave Noire vorbei, zum Gipfel der Aiguilles de Baulmes (1558 m).

Dort nordwärts steil hinunter durch stark gelichteten Wald zum Pässchen Sur le Tour (1321 m) und auf einem Strässchen südwärts zur Verbindungsstrasse Baulmes–L'Auberson. Auf dieser Strasse 1 km ostwärts, dann gemäss Wegweiser nach rechts über eine Weide und wieder nach rechts auf einem Strässchen zur Bergwirtschaft Grange Neuve (1355 m). Von dort auf einem Wiesenpfad mässig ansteigend, dann durch Bergwald und über Weiden zum Gipfel Le Suchet (1587 m) hinauf.

Auf dem Gipfel des Suchet. Links dahinter die Aiguilles de Baulmes.

Auf dem schnurgeraden Nordostgrat über Alpweiden und durch Wälder abwärts zur Lichtung Les Mouilles (P. 1052). Entweder weiter auf dem gelb markierten Grat (Gegensteigung) oder kurz nach links und beim ersten (nicht markierten) Feldweg wieder nach rechts über Weiden und durch den Wald, wo man wieder auf den gelb markierten Gratweg trifft; schliesslich steil hinunter nach Baulmes und durch das Dorf zum Bahnhof Baulmes (631 m).

### Varianten
– Auf den Suchet verzichten und von Les Praz via Les Mouilles direkt nach Baulmes hinunter; Zeitgewinn: 1 ¾ Std.
– Vom Gipfel des Suchet statt über den Grat nach Baulmes, den Südosthang hinunter nach Six-Fontaines (Bahnhaltestelle); steiler und ohne Graterlebnis, aber fast eine halbe Stunde kürzer.
– Vom Suchet auf dem Jura-Höhenweg 5 nach Ballaigues wandern; gleich weit wie nach Baulmes, aber schlechte ÖV-Verbindungen.

### Verpflegung
– Ste-Croix: Mehrere Restaurants und Einkaufsläden
– Bergwirtschaft Mont de Baulmes (Mai–Anfang Oktober geöffnet), www.montdebaulmes.ch
– Bergwirtschaft Grange Neuve (Mai–Oktober geöffnet), Telefon 024 459 11 81
– Chalet du Suchet (Mitte Mai–Mitte Oktober geöffnet), www.chalet-du-suchet.ch
– Baulmes: L'Auberge (täglich geöffnet), www.lauberge.ch
– Variante Six-Fontaines: Chalet La Mathoulaz (Mai–Mitte Oktober geöffnet), Telefon 024 441 01 14

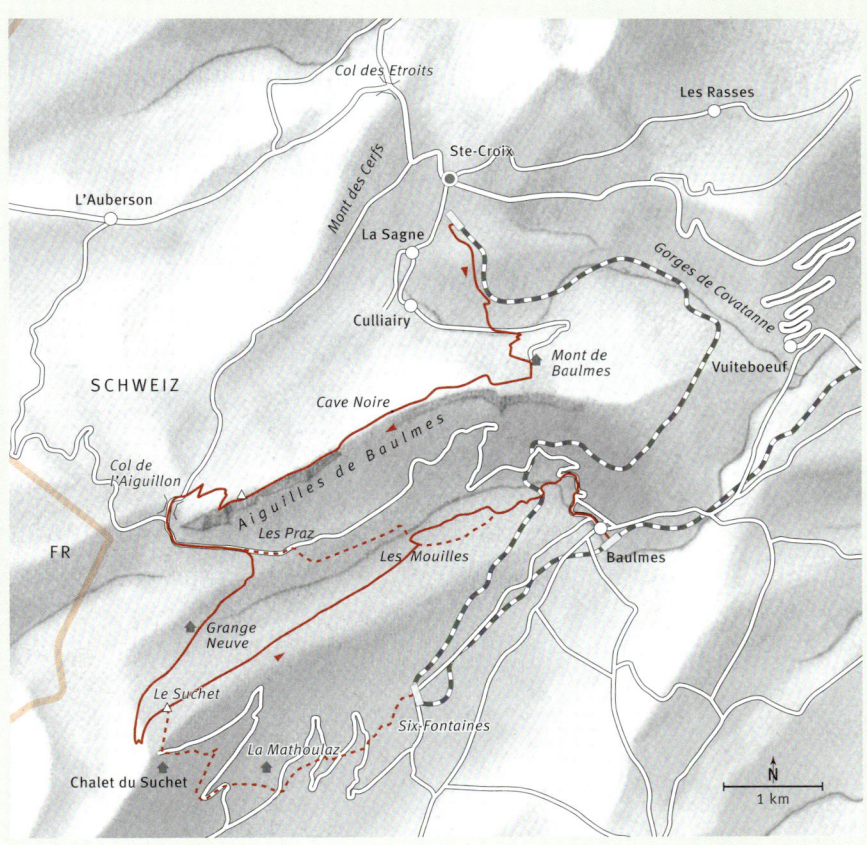

Von Le Pont nach Vallorbe

# 43 Aussichtsberg und Unterwelt

Hoch hinauf zum Gipfel der Dent de Vaulion und tief hinunter ins Reich der Höhlen und Grotten. Erst die fantastische Aussicht vom Panoramagipfel geniessen, dann die nicht minder fantastischen Tropfsteine der Orbe-Grotten bewundern.

Schon die Ankunft in Le Pont bietet einen überraschenden Landschaftswechsel. Vom dunklen Waldtal von Vallorbe kommend, stehen wir unvermittelt vor einem weiten, glitzernden See. Vielleicht streichen noch ein paar Nebelschwaden über das stille Gewässer. Doch schon bald wird die Morgensonne die feuchte Luft erwärmen und das lichte Gewölk zum Verschwinden bringen. Sollen wir in der gemütlichen Konditorei an der Uferpromenade noch einen Kaffee trinken, bevor die motorisierten Ausflüglerinnen und Ausflügler auf zwei und vier Rädern das Vallée de Joux überschwemmen? Eine Stärkung vor dem Aufstieg tut sicher gut. So steigen wir denn, der touristischen Hektik entrinnend, munter bergan, erhaschen immer wieder prächtige Ausblicke auf den tiefblauen See und erklimmen schliesslich den Gipfel mit dem grossen Sendemast. Diese «Möblierung» des Gipfels stimmt uns ein wenig nachdenklich. Denn was früher das Holzkreuz symbolisierte, nämlich eine mystische Verbindung von der Erde zum Himmel, wird heute ganz profan von der Antenne übernommen. Dennoch geniessen wir das Gipfelpanorama, die endlosen Wälder der Franche-Comté, die Wiesen, Felder und Dörfer im Gros-de-Vaud, die grüne Hügelkette des Juras, den weiss schimmernden Alpenkranz und tief unter uns die beiden Seen Lac Brenet und Lac de Joux.

Kaum zwei Kilometer entfernt und 700 Meter tiefer wartet ein nicht minder faszinierendes Erlebnis: die berühmten Tropfsteinhöhlen von Vallorbe. Lange Zeit blieb das drei Kilometer lange Höhlensystem allerdings

‹
Blick auf den Lac de Joux im Aufstieg zur Dent de Vaulion.

›
Filigrane Höhlenskulpturen zieren die Grotten von Vallorbe.

nur erfahrenen Höhlenforscherinnen und -forschern vorbehalten, denn der einzige Zugang zur Grotte führte durch einen Siphon. Im Jahr 1973 sprengte die Gesellschaft «Grottes de Vallorbe» einen Eingangstunnel zum Höhlensystem, erstellte sichere Wege durch die labyrinthisch verzweigten Gänge und machte damit die faszinierende Unterwelt der Öffentlichkeit zugänglich. Dank der späten Entdeckung sind die Tropfsteinbildungen noch weitgehend intakt. So sind mehrtausendjährige Riesenpilze neben filigranen Kalzitröhrchen und bizarren Steinskulpturen zu bewundern. Daneben und darunter rauscht immer wieder die Orbe. Ihr Wasser fliesst unterirdisch aus dem Lac Brenet, sickert tagelang durch Kalkgestein und erreicht schliesslich die Grotten von Vallorbe. Unweit des Höhleneingangs tritt die Orbe als mächtige Flussquelle wieder an die Oberfläche. Hier führt ein angenehmer Wanderweg dem Flüsschen entlang nach Vallorbe, wo schon im späten Mittelalter Eisen verarbeitet wurde und im 19. Jahrhundert die Eisenbahn für wirtschaftlichen Aufschwung sorgte.

Die Route digital für unterwegs.

**Schwierigkeit**
T1–T2

**Strecke**
16 km

**Höhendifferenz**
600 m Aufstieg, 800 m Abstieg

**Wanderzeit**
4 ¾ Std.

**Ausgangspunkt**
Le Pont (Bahn)

**Endpunkt**
Vallorbe (Bahn/Bus)

**Route**
Vom Bahnhof Le Pont (1007 m) der Uferpromenade entlang bis zum gelben Wegweiser, der nach links zur Dent de Vaulion zeigt. Vorerst auf einem Fussweg, dann auf einem Strässchen zur Sagne-Vugnard (1067 m) hinauf; dort nach rechts über eine sumpfige Wiese. Bei der nächsten Ver-

Weiter Blick von der Dent de Vaulion nach Nordosten. In der Bildmitte der Chasseron.

zweigung geradeaus und in grossen Kehren nordwärts Richtung Dent de Vaulion (1483 m), den man am Schluss über Alpweiden erreicht.

Auf demselben Weg zurück, am Chalet de la Dent de Vaulion vorbei bis zur Wanderwegverzweigung (1210 m) nördlich des Hofs von La Dent (P. 1196). Dort nach rechts den steilen Wald hinunter, dann auf einem Kiesweg in nördlicher Richtung durch das Tälchen des Ruisseau des Epoisats abwärts bis zum Talboden der Orbe. Nun nach links zu den Grotten von Vallorbe (Grotte de l'Orbe, ca. 780 m).

Vom Ein- und Ausgang der Tropfsteinhöhlen führt ein angenehmer Wanderweg der Orbe entlang nach Vallorbe (748 m) und ein kurzer, steiler Aufstieg zum Bahnhof (806 m).

### Varianten
– Abstieg vom Gipfel der Dent de Vaulion über den bewaldeten Nordostgrat nach Sur le Voué (1155 m) und nordwestwärts hinunter nach Vallorbe; ca. eine Stunde kürzer, aber ohne die Grotten von Vallorbe.
– Von den Grotten direkt zum Bahnhof Vallorbe; 20 Min. weniger, aber alles auf Strässchen.
– Wer lieber aufwärts- statt abwärtsgeht, macht die Wanderung in umgekehrter Richtung; Wanderzeit: 5 Std.

### Verpflegung
– Le Pont: Hôtel de la Truite, www.hoteltruite.com; Tea Room «Sur les Quais», Telefon 021 841 11 30; Restaurant du Lac (nur mittags und abends geöffnet; Di/Mi geschlossen), www.restaurantdulaclepont.com
– Chalet de la Dent de Vaulion (Mitte Mai bis Ende Oktober geöffnet), Telefon 021 843 28 36
– Vallorbe: Mehrere Restaurants und Einkaufsläden

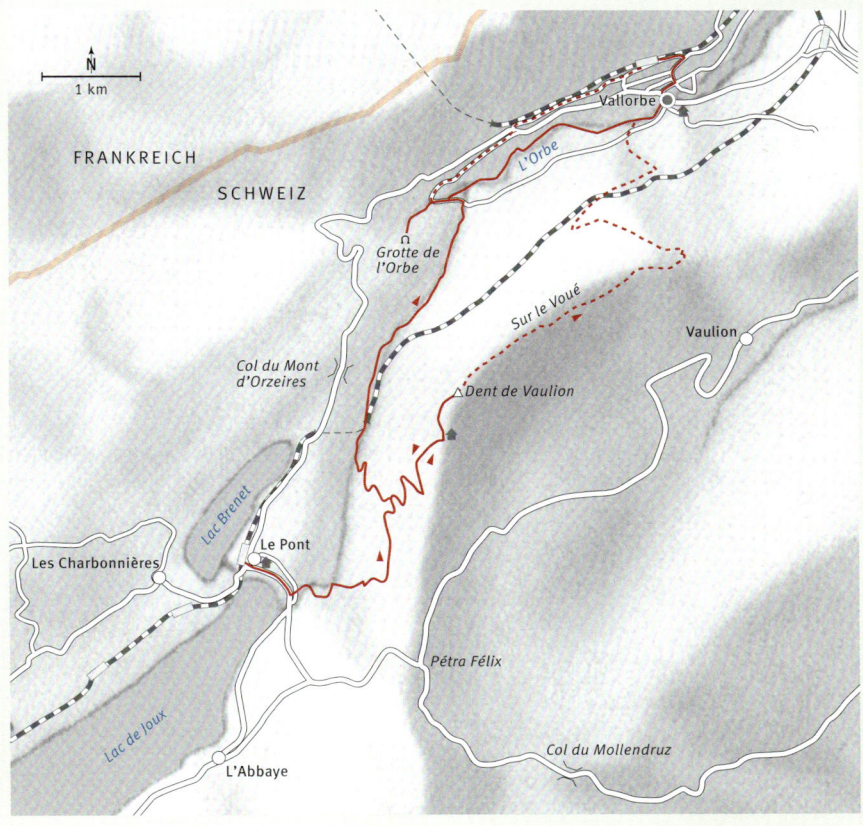

Von Le Pont nach La Golisse

# 44 Am Lac de Joux

Eine Genusswanderung dem See entlang – mit einladenden Gaststätten am Weg und mehreren Abkürzungsmöglichkeiten.

Das Vallée de Joux, dieses weite, helle Hochtal mit seinem tiefblauen See verheisst Ferienstimmung. Baden, Pedalofahren, Biken und Radfahren sind angesagt, aber auch Wandern und Spazieren. Wer sich etwas Grösseres vornimmt, wählt den sechsstündigen Uferweg rund um den Lac de Joux. Wir begnügen uns mit dem einstündigen Rundweg um den Lac Brenet, den kleinen Bruder des Lac de Joux, und hängen noch den Uferweg auf der steilen Nordseite des grösseren Sees an. Dabei behalten wir die vielfachen Ausstiegsmöglichkeiten (Bahnhaltestellen) und Verpflegungsstätten (Restaurants) im Auge, um uns jederzeit vor ungewollter Überanstrengung zu schützen.

Lange Zeit war das Vallée de Joux praktisch unbesiedelt. Erst im 12. Jahrhundert rodeten Mönche des Prämonstratenserordens die Uferbereiche und gründeten in L'Abbaye ein Kloster. Darauf zogen Bauern ins abgelegene Hochtal. Das raue Klima mit seinen kalten Wintern und kurzen Sommern setzte der Landwirtschaft und damit der Bevölkerungsentwicklung allerdings jahrhundertelang enge Grenzen. Erst als die Uhrmacherkunst um 1800 von Genf her ins Vallée de Joux vordrang, begann sich die Wirtschaft zu entwickeln. Anfänglich wurden die Uhren noch in Heimarbeit in den weit verstreuten Bauernhöfen hergestellt. Doch bald wurde der Platz in den Höfen zu klein, und man produzierte in Manufakturen in den Dörfern. Aus den Uhrmacher-Bauern wurden Arbeiter und Unternehmer. Vielleicht liegt es an der abgelegenen Lage des Hochtals, vielleicht am geringen Freizeitangebot, dass einige Uhrmacher im 20. Jahrhundert nach neuen technischen Lösungen zu tüfteln begannen und bald einmal hoch spezialisierte Uhren auf den Markt brachten. Für eine sogenannte Grande Complication, die aus über vierhundert Einzelteilen besteht und neben der Uhrzeit auch Tag, Monat, Jahr, Mondphasen und gar ein aktuelles Sternbild zeigt, erfordert die Montage mehrere Hundert Arbeitsstunden. Der Preis einer solchen — notabene mechanischen — Luxusuhr liegt denn

‹
Tiefblau strahlt das kalte Wasser des Lac de Joux im November. Im Hintergrund die Dent de Vaulion.

›
Blick zurück zum Lac Brenet. Rechts der Gipfel der Dent de Vaulion.

auch im sechs- bis siebenstelligen Frankenbereich. Firmen wie Audemars Piguet, Breguet oder Jaeger-LeCoultre scheinen jedenfalls keine Absatzprobleme zu kennen.

Im Winter gefriert der Lac de Joux regelmässig zu einer riesigen Eisfläche. Dann ist Zeit fürs Schlittschuhlaufen. Vor der Erfindung des Kühlschranks, im 19. und frühen 20. Jahrhundert, wurde das Eis des Sees kommerziell genutzt. Per Bahn wurden die Eisblöcke via Vallorbe bis nach Paris geliefert. Abnehmer waren Brauereien, Restaurants und Spitäler. Die Eisproduktion im 19. Jahrhundert soll denn auch der wichtigste Grund für den Bau der Eisenbahn von Vallorbe nach Le Pont im Jahr 1886 gewesen sein. Heute dient die Bahn hauptsächlich den Pendlern und Touristinnen.

Die Route digital für unterwegs.

**Schwierigkeit**
T1

**Strecke**
13 km

**Höhendifferenz**
210 m Auf- und Abstieg

**Wanderzeit**
3 ½ Std.

**Ausgangspunkt**
Le Pont (Bahn)

**Endpunkt**
Le Solliat-La Golisse (Bahn)

**Route**
Beim Bahnhof Le Pont (1007 m) die Gleise überschreiten und gleich nach rechts («Tour du lac, 1 h»); den Gleisen und dem Ufer des Lac Brenet nordwärts folgen; den See umrunden.

Rast am Lac Brenet.

In Les Charbonnières um den Sportplatz herum, auf einem Quartiersträsschen zur Hauptstrasse; diese überqueren, hinauf zur Bahnlinie und durch eine Unterführung zum lang gezogenen Felsrücken Le Revers (1082 m) aufsteigen. Auf dem bewaldeten Hügelzug südwestwärts bis auf die Höhe von Le Lieu. Dort nach links zum See hinuntersteigen und dem Ufer entlang via Les Esserts-de-Rive und Le Rocheray nach La Golisse (Bahnstation Le Solliat-La Golisse, Halt auf Verlangen).

### Varianten
– Auf die Umrundung des Lac Brenet verzichten und von Le Pont direkt dem Lac de Joux entlangwandern; eine knappe Stunde kürzer.
– Dank der Bahnlinie Le Pont–Le Brassus kann die Wanderung an mehreren Haltestellen unterbrochen werden: Les Charbonnières, Le Séchey, Le Lieu, Les Esserts-de-Rive, Le Rocheray.
– Von La Golisse auf einem markierten Wanderweg durch das Sumpfgebiet am südwestlichen See-Ende und der Orbe entlang nach Le Sentier (Bahnstation Le Sentier-L'Orient) wandern; zusätzliche Wanderzeit: 40 Min.

### Verpflegung
– Le Pont: Hôtel de la Truite, www.hoteltruite.com; Restaurant du Lac (nur mittags und abends geöffnet, Di/Mi geschlossen), www.restaurantdulaclepont.com
– Les Charbonnières: Hôtel-Restaurant du Cygne (Mo/Di geschlossen), www.du-cygne.ch; Restaurant Le Terminus, Telefon 021 841 11 94
– Les Esserts-de-Rive: Restaurant Les Esserts-de-Rive (Mo/Di geschlossen), www.les-sr.ch
– Le Rocheray: Hôtel-Restaurant Bellevue (Mo geschlossen), www.rocheray.ch
– La Golisse: Restaurant La Gloriette (Mo geschlossen), Telefon 021 845 56 43
– Le Sentier: Mehrere Restaurants und Einkaufsläden

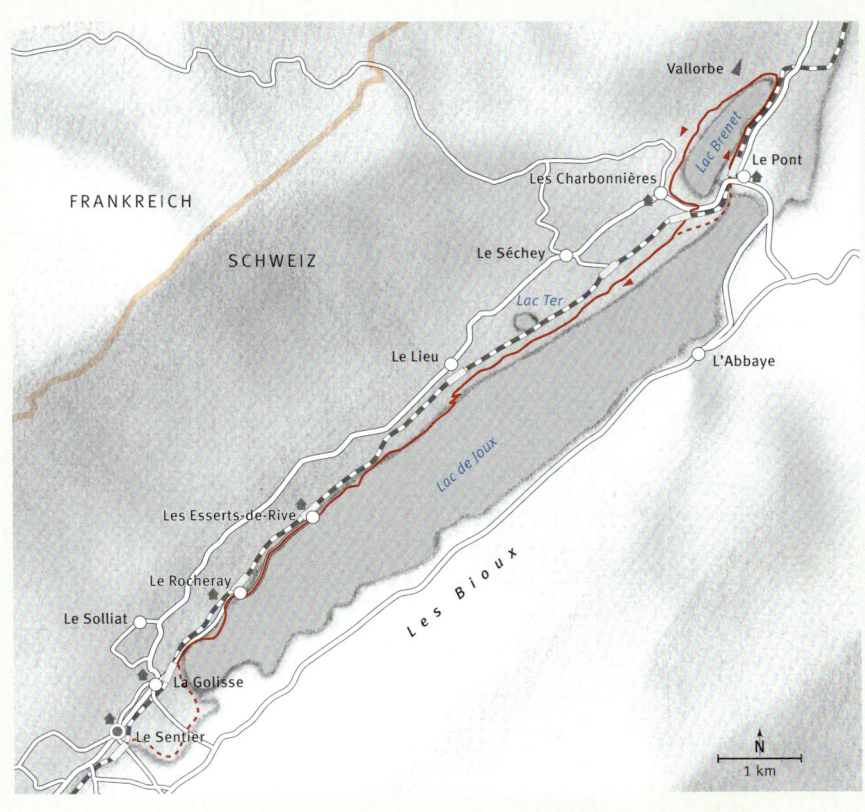

## Von St-Cergue nach La Givrine

# 45 La Dôle

Der südlichste Juragipfel, die Dôle, ist mit 1677 m fast der höchste des Schweizer Juras. Beim felsigen Schlussaufstieg können durchaus alpine Gefühle aufkommen.

Der Name «La Dôle» hat, entgegen einer landläufigen Meinung, weder mit dem bekannten Walliser Rotwein noch mit schwarzen Bergvögeln etwas zu tun, sondern mit dem keltischen Wort «dol», was Tafel oder Tisch bedeutet. Tatsächlich sieht der baumlose Felskoloss je nach Blinkwinkel wie ein grosser Hocker in der Landschaft aus. Damit man den zweithöchsten Gipfel des Schweizer Juras auch von überallher erkennt, ist er mit einem riesigen «Ballon» bespickt. Natürlich dient die grosse Kugel nicht als Bergschmuck — über die Schönheit solcher Gipfelinstallationen kann durchaus gestritten werden —, sondern sie dient der Skyguide zur Überwachung des Genfer Flughafens. Hinzu kommen militärische Einrichtungen und eine Wetterstation.

All dies kümmert uns aber nicht, wenn wir die sensationelle Aussicht auf das Genferseebecken und die Savoyer Alpen samt Mont Blanc geniessen. Schon Johann Wolfgang von Goethe bewunderte auf seiner zweiten Schweizer Reise im Oktober 1779 die grossartige Aussicht: «Das ganze Pays de Vaud und de Gex lag wie eine Flurkarte unter uns, alle Besitzungen mit grünen Zäunen abgeschnitten, wie die Beete eines Parterres. Wir waren so hoch, dass die Höhen und Vertiefungen des vorderen Landes gar nicht erschienen.

Dörfer, Städtchen, Landhäuser, Weinberge, und höher hinauf, wo Wald und Alpen angehen, Sennhütten, meistens weiss und hell angestrichen, leuchteten gegen die Sonne. (...) Und immer wieder zog die Reihe der glänzenden Eisgebirge das Aug' und die Seele an sich. (...) Wenn sie dann erst

‹
Über grüne Matten zum kahlen Gipfel der Dôle.

›
Aufwendig restaurierte Weidemauer.

in der Reinheit und Klarheit in der freien Luft mannigfaltig da liegen; man gibt da gern jede Prätension ans Unendliche auf, da man nicht einmal mit dem Endlichen im Anschauen und Gedanken fertig werden kann» (zitiert in: Arnold Fuchs/Edmond van Hoorick: Der Jura, S. 17).

Nicht nur die Aussicht, die ganze Wanderung durch dunkle Wälder, über grüne Weiden und alpine Matten bis hinauf zum felsigen Gipfel und wieder hinunter durch die Parklandschaft der Waadtländer Wytweiden ist ein überaus abwechslungsreiches Erlebnis. Selbst wenn auf dem Gipfel kein Gasthaus steht, picknicken kann man überall, und Feuerstellen lassen sich mit ein paar Steinen rasch improvisieren. Allerdings ist La Dôle nicht nur ein prächtiger Aussichtsberg, sondern oft auch ein windumtoster Gipfel, wo die Schlechtwetterfronten ungebremst aus Westen anbranden können. Deshalb lohnt es sich, vor der Besteigung des Panoramabergs die Wetterstation La Dôle zu konsultieren. Wer aber bei schönem Wetter nach Südwesten auf die unzähligen Kreten des französischen Juras blickt, wird wohl unweigerlich vom Fernweh gepackt: weiterwandern, zum Col de la Faucille, über den Colomby de Gex, den Crêt de la Neige, den Reculet bis zum Grand Crêt d'Eau, bevor die Rhone-Klus bei Bellegarde die tagelange «Haute Route du Jura» abbricht.

Die Route digital für unterwegs.

**Schwierigkeit**
T1, Schlussaufstieg auf La Dôle T2

**Strecke**
14 km

**Höhendifferenz**
800 m Aufstieg, 640 m Abstieg

**Wanderzeit**
4¾ Std.

**Ausgangspunkt**
St-Cergue (Bahn)

**Endpunkt**
La Givrine (Bahn)

**Route**
Vom Bahnhof St-Cergue (1044 m) auf der Hauptstrasse südwärts bis zur Strassenkreuzung, nach halb links auf der Strasse Richtung Nyon, an der ersten Wanderweg-Abzweigung vorbei und nach wenigen Metern nach rechts auf dem Naturpfad «Ballade à Béatrix» Richtung Vieux Château. Vom Picknickplatz Vieux Château scharf nach rechts auf einem spärlich markierten Waldweg an einem Skilift-Endmast vorbei bis zu einem Teersträsschen (P. 1122), nach links auf dem Strässchen bis zum Forsthaus, hinter dem Holzlager nach rechts und auf gut markierten Waldwegen westwärts zum Beginn der Alpweide Le Vuarne (P. 1259). Hier nach links abzweigen und recht steil hinauf zum Restaurant de la Barillette (1455 m).

Auf einem Teersträsschen unterhalb der imposanten Sendeanlage vorbei, dann über eine schöne Wytweide leicht abwärts bis zum Col du

Vuarne (P. 1463). Nun steil aufwärts zum Col de Porte (1557 m) und auf einem Felsweg südwärts zum Gipfel La Dôle (1677 m).

Auf der Nordseite der Gipfelgebäude durch eine Lücke der Trockenmauer zum Westabhang der Dôle und auf vorerst nicht markiertem Weg über Skipisten schräg den Hang hinunter bis zum Waldrand; von dort auf dem Wanderweg zur Alpwirtschaft Couvaloup de Crans (1289 m). Vor der Wirtschaft nach links, dem Skilift entlang fast bis zur Strasse des Val des Dappes (F). Bei der Landesgrenze nach rechts auf Wanderwegen gemütlich nordostwärts zur Bahnstation La Givrine (1207 m).

### Varianten
– Auf dem Jura-Höhenweg 5 von St-Cergue nach Le Vuarne und zum Col du Vuarne. Diese direktere Variante ist eine halbe Stunde kürzer, aber eintöniger und ohne Bergrestaurant La Barillette.
– Vom Col du Vuarne zum Chalet de la Dôle hinunter und in einem grossen Bogen von der Südseite her auf den Gipfel La Dôle steigen; eine halbe Stunde länger, aber insgesamt weniger steil (T1–T2).
– Vom Gipfel La Dôle in 3 Stunden Richtung Südwesten zum französischen Pass Col de la Faucille. Übernachtungsmöglichkeit, aber keine öffentlichen Verkehrsmittel.
– Vom Gipfel La Dôle in knapp 5 Stunden nach Nyon absteigen.

### Verpflegung
– St-Cergue: Mehrere Restaurants und Einkaufsläden
– Restaurant de la Barillette (Mo/Di geschlossen), www.restaurant-barillette.ch
– Chalet-Restaurant Cuvaloup de Crans (in der Nebensaison Mo geschlossen), www.cuvaloup-de-crans.ch
– La Givrine: Hôtel-Restaurant de la Givrine (Di geschlossen), www.restaurantdelagivrine.ch

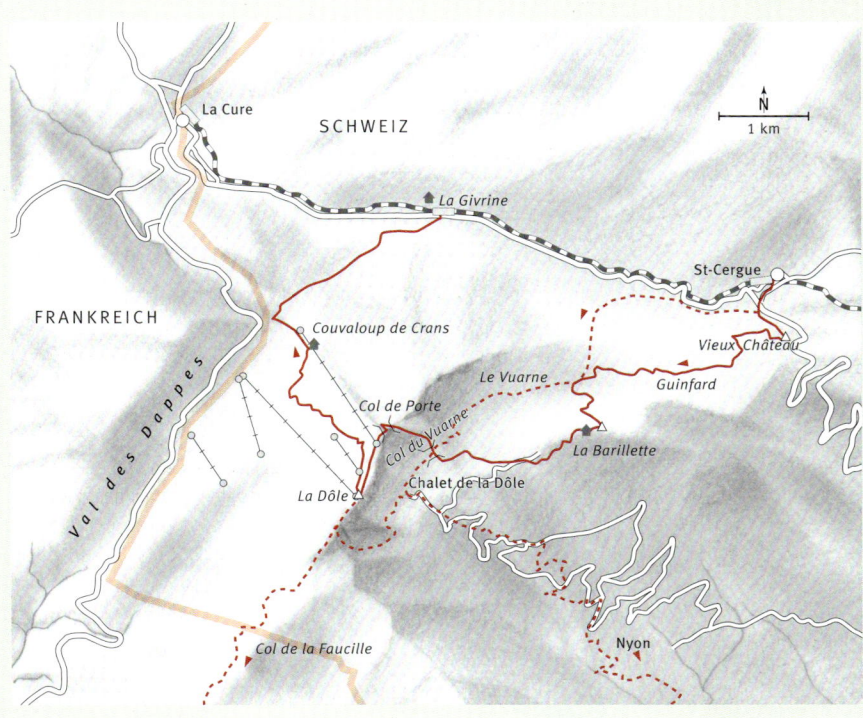

Mittagsrast am Chasseron.

**Philipp Bachmann**
ist promovierter Geograf, war Geschäftsführer des Verbands Geographie Schweiz (AGS). Autor von Wanderbüchern und (Hobby-)Fotograf.